FICHES RESSOURCES À PHOTOCOPIER

Une collection dirigée par
Jean-Luc Caron

Sciences

CM1-CM2

Pascal Chauvel

RETZ
editions-retz.com

Pascal Chauvel est agrégé de sciences, enseignant et formateur.

Cet ouvrage suit l'orthographe recommandée par les rectifications de 1990 et les programmes scolaires.

Voir le site http://www.orthographe-recommandee.info et son miniguide d'information

Direction éditoriale : Céline Lorcher
Édition : Maxime Lafon
Mise en page : Corinne Tronel
Illustrations : Anne Horrenberger, Marie-Christine Exbrayat

92 avenue de France 75013 Paris
contact@editions-retz.com
ISBN : 978-2-7256-4687-9 – Code éditeur : 264389
Dépôt légal : février 2025

Ce livre est imprimé sur du papier issu de forêts gérées durablement.

Conçu & fabriqué en France

Le papier de cet ouvrage est composé de fibres naturelles renouvelables, fabriquées à partir de bois provenant de forêts gérées de manière responsable.

Sommaire

Guide pédagogique 5

Fiches à photocopier 31

Partie 1. Matière, mouvement, énergie, information

Propriétés de la matière

1. La matière sur Terre

2. Les différents états de l'eau

3. Des différences entre solide, liquide et gaz

Masse et volume

4. Mesures et conversion de masse

5. Mesurer des volumes

Mélanges

6. La séparation des mélanges

7. Comment nettoyer une eau sale ?

8. Mélanges solide – liquide

Différents types de mouvements

9. Mouvements rectiligne et circulaire

10. Quelle est ma vitesse ?

Ressources en énergie et conversion d'énergie

11. Besoins et sources d'énergie

12. Les énergies renouvelables

Signal et information

Lumière :

13. Ombres et phases de la Lune

Electricité :

14. Réaliser des circuits électriques

Partie 2. Le vivant, sa diversité et les fonctions qui le caractérisent

Panorama du monde vivant

Organisation des êtres vivants :

15. Comment est faite une fleur ?

16. Comment classer les mammifères ?

17. Comment classer les plantes ?

18. Fossiles et échelle des temps géologiques

Alimentation humaine

Besoins alimentaires et nutrition humaine :

19. Les besoins en énergie de notre organisme

20. Appareil digestif et digestion

21. Équilibrer sa ration alimentaire

Production et conservation des aliments :

22. La fabrication du yaourt

Reproduction des êtres vivants

Cycle de vie :

23. Qui est le plus âgé ?

24. Déterminer l'âge d'un arbre

25. Les étapes de la germination d'une graine

26. Le cycle de développement du ténébrion

27. De la fleur au fruit : la cerise

28. La reproduction du grillon

29. Le développement du grillon

Reproduction et sexualité humaine :

30. De l'enfant à l'adulte : la puberté

Partie 3. Les objets techniques au cœur de la société

Les objets techniques en réponse aux besoins des individus et de la société

31. L'évolution des objets : l'aspirateur

Description du fonctionnement et de la constitution d'objets techniques

Besoins et fonctions techniques :

32. Le fonctionnement d'un objet technique : la lampe de poche

Solutions technologiques :

33. À chacun son moule à tarte !

Représentation des objets techniques :

34. Le ventilateur électrique à pile

Démarche de conception et de réalisation d'un objet technique

Processus de réalisation d'une maquette :

35. Fabriquer et faire décoller une fusée

Programmation d'objets techniques

Les objets programmables :

36. L'ouverture de portes automatiques

Partie 4. La Terre, une planète peuplée par des êtres vivants

La Terre, une planète singulière et active

37. Les deux types d'éruptions volcaniques

38. Les tsunamis

39. Évaluer l'intensité d'un séisme

40. Les constructions parasismiques

Écosystème : structure, fonctionnement et dynamique

Écosystème :

41. Les conditions de vie du cloporte

Place des êtres vivants dans les chaines alimentaires :

42. La croissance du phasme

43. Expérimenter pour identifier quelques besoins des végétaux

44. Le réseau alimentaire du jardin

Conséquences des actions humaines sur l'environnement :

45. Les conséquences du déboisement

46. La ferme à lombrics

47. La dégradation des déchets dans le sol

Présentation des ressources numériques **125**

Toutes les fiches proposées dans cet ouvrage sont disponibles dans les ressources numériques avec leur corrigé.

PARTIE 1
MATIÈRE, MOUVEMENT, ÉNERGIE, INFORMATION

Propriétés de la matière

Fiches 1a et 1b
La matière sur Terre

OBJECTIF

Apprendre à reconnaitre les principaux types de matériaux et déterminer leur constitution : matière minérale ou organique.

MATÉRIEL

Les objets proposés sont faciles à se procurer afin de pouvoir être présentés aux élèves en classe. Certains peuvent être remplacés par des photographies. La liste n'est pas exhaustive et tout type d'objet peut être utilisé à condition qu'il ne soit constitué que d'un seul type de matière. Les enfants peuvent aussi participer en apportant des objets.

Exemples :

– Branche d'arbre : matière naturelle d'origine organique.

– Canne en bois, chaise en bois ou tout autre objet entièrement fabriqué avec du bois : matière artificielle d'origine organique.

– Morceau de roche (granite, calcaire, basalte…) : matière naturelle d'origine minérale.

– Petit objet en pierre sculpté : matière artificielle d'origine minérale.

– Plume d'oiseau, argile, pot en terre cuite, sable, verre, cheveux, roche métallique…

DÉROULEMENT

❶ Débuter la séance en montrant aux élèves 4 objets représentant les principaux types de matériaux : matière minérale naturelle et artificielle, matière organique naturelle et artificielle. Par exemple : une plume d'oiseau, un collier fait avec des plumes, de la terre, une poterie.

❷ À partir d'un dialogue, faire ressortir qu'il existe des matériaux qui seraient présents naturellement sur la Terre, sans la présence de l'humain. Ils sont **d'origine naturelle**. D'autres matériaux, objets, sont présents car ils ont été fabriqués, transformés par les humains. Ils sont **d'origine artificielle**.

❸ Montrer ensuite que ces objets ne sont pas constitués de la même matière. Ils peuvent être constitués de matière d'origine végétale (branche) ou animale (plume) et donc issus du vivant. Cette matière fabriquée par les êtres vivants est de la **matière organique**. La matière qui n'est pas d'origine vivante est de la **matière minérale** : les roches, l'air, l'eau…

❹ Enfin, réaliser la fiche.

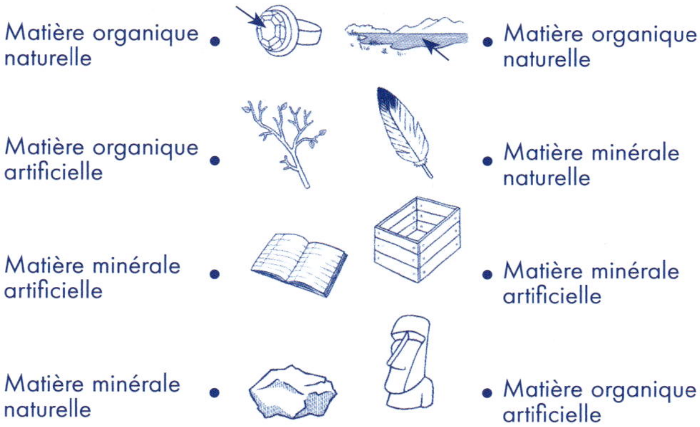

❺ Certains éléments qui nous entourent ont une composition plus complexe. Pour trouver quelle est la nature des matériaux qui les constituent, les enfants peuvent faire une recherche à la bibliothèque ou sur internet. Si cela n'est pas possible, l'enseignant leur donne la liste des principaux composants.

a) Les revêtements des routes sont constitués de sables, de graviers et de bitume. Une route est donc un objet **artificiel** fabriqué par l'humain à partir de **matière minérale** (sable et graviers) et **organique** (le bitume est un dérivé du pétrole qui est issu de la décomposition de végétaux).

b) Une coquille d'huitre est fabriquée de manière **naturelle** par un animal, l'huitre, qui est un mollusque. Elle est constituée de carbonate de calcium (composé principal du calcaire), qui est un élément minéral, et de protéines qui sont des éléments organiques.

CONCLUSION

Dans la nature il existe deux types de matériaux :

– les matériaux d'origine naturelle, non transformés ou fabriqués par l'humain. On les trouve dans la nature (un rocher, un arbre, une plume...).

– les matériaux artificiels, transformés, fabriqués à partir de la matière naturelle.

Ces deux types de matériaux peuvent être soient :

– issus du vivant : fabriqués à partir de matière animale ou végétale, autrement dit la **matière organique** ;

– d'origine minérale : comme par exemple les roches, l'eau, l'air, autrement dit la **matière minérale.**

Fiches 2a et 2b
Les différents états de l'eau

Objectif

Démontrer que l'eau peut exister sous trois états.

Matériel

Pour chaque groupe constitué de 2 ou 3 élèves : un thermomètre (si possible digital car il doit être précis) ; un glaçon ; un petit récipient pouvant le contenir ; de l'eau liquide ; de la glace pilée ; du gros sel ; une cuillère ; un grand récipient en verre (ou plastique) pouvant en contenir un plus petit (si possible un tube à essais).

Déroulement

Pour l'expérience n°1, le thermomètre doit bien rester collé sur le glaçon. La température mesurée va rapidement descendre pour s'approcher de 0ºC.

Pour l'expérience n°2, préparer un mélange de glace pilée et de gros sel (35 cl d'eau pour 15 g de sel). Bien agiter à l'aide d'une cuillère. Il va servir de liquide réfrigérant. L'eau salée gelant à une température très inférieure à 0°C (vous pouvez faire mesurer sa température pour que les élèves réalisent qu'elle est fortement en dessous de zéro), ce mélange pourra refroidir de l'eau pure et entraîner sa solidification (congélation). Poser au centre du mélange réfrigérant le récipient contenant de l'eau douce (attention de ne pas la contaminer avec du sel). Y introduire le thermomètre.

Résultat : tout comme pour l'évaporation, la solidification se fait à la température constante de 0°C. Tant qu'il restera dans le récipient de l'eau liquide, le thermomètre restera à 0°C.

L'expérience réalisée à l'inverse (fusion) donnerait la même interprétation : fusion à partir de 0°C et température restant stable tant qu'il y a de la glace.

Pour l'expérience n°3, sa réalisation n'est pas obligatoire. Vous pouvez, si vous le désirez, la faire vous-même au bureau avec toutes les précautions nécessaires.

Il vous faudra : de l'eau liquide, un thermomètre pouvant immerger au-delà de 100°C, une casserole et un système de chauffage (ou une bouilloire électrique).

Faire chauffer de l'eau et y introduire le thermomètre. Les élèves constatent que la température de l'eau augmente progressivement. Les premières petites bulles qui vont apparaitre correspondent à l'air qui était dissout dans l'eau et qui en se réchauffant s'en échappe. Puis, de grosses bulles vont se former dans l'eau aux alentours de 100°C (la température d'ébullition va varier en fonction de la pureté de l'eau et de l'altitude). La vaporisation de l'eau est visualisée par la formation de ces bulles de gaz arrivant à la surface. Lorsqu'une bulle éclate, elle libère la vapeur d'eau qui est incolore et qui se mélange à l'air. Lorsque cette température est atteinte, elle n'augmente plus et reste stable (et ceci jusqu'à évaporation totale de l'eau).

Attention, la « fumée » observée lorsque de l'eau bout ou à la sortie d'une cocotte-minute n'est pas de la vapeur d'eau. C'est de l'eau qui, au contact de l'air froid, est redevenue liquide sous forme de microgouttelettes.

Conclusion

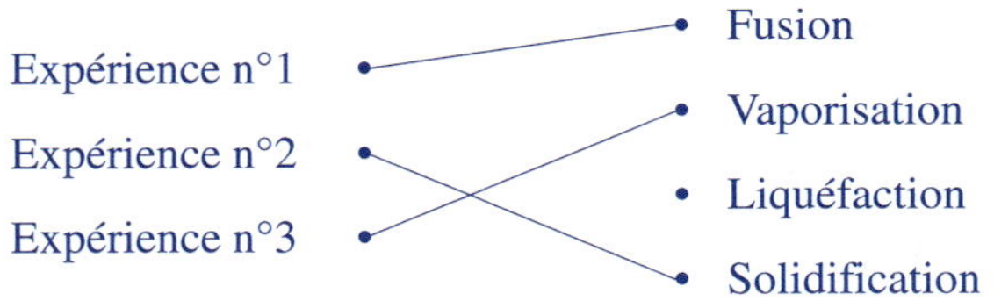

Fiches 3a et 3b
Des différences entre solides, liquides et gaz

Objectif

Montrer que les trois états de la matière ont des propriétés différentes.

Matériel

Par groupe de deux : une roche quelconque, un glaçon (à sortir et utiliser au dernier moment pour qu'il soit bien observable à l'état solide), de l'eau liquide et de l'huile dans deux petits récipients différents (un petit verre en plastique et une coupelle par exemple), un ballon de baudruche, une petite bouteille en plastique, une seringue en plastique (sans l'aiguille, s'en procurer dans une pharmacie ou auprès d'une des entreprises vendant du matériel de sciences).

Déroulement

Il a été vu (fiche 2) que la matière pouvait exister sous trois états différents. Les élèves doivent découvrir quelles sont les propriétés qui diffèrent pour ces états que peut prendre la matière, tant au niveau de la forme que de son volume.

Afin de comprendre le vocabulaire utilisé, réaliser la fiche « Pour t'aider » qui pourra être distribuée aux élèves.

Pour t'aider

Forme d'un matériau : lorsqu'un matériau ne peut pas changer de forme, on dit qu'il a sa forme propre, dans le cas contraire, il n'a pas de forme propre.

Volume d'un matériau : le volume correspond à l'espace qu'occupe un matériau. Si le volume d'un matériau ne peut pas changer, on dit qu'il a un volume propre, dans le cas contraire, il n'a pas de volume propre.

❶ a) Les élèves observent que l'on peut dessiner les deux solides car ils ont chacun une forme propre.

b) En fonction du récipient dans lequel on met les liquides, leur forme change, ils prennent la forme de leur contenant. Ils n'ont donc pas de forme propre.

c) En gonflant le ballon, on le remplit de gaz qui prend la forme de ce ballon. Pour mettre l'embout du ballon sur la bouteille, le ballon ne doit pas être trop gonflé. Un élève étire l'embout tout en veillant à bloquer la sortie du gaz et l'autre élève place l'embout en l'écartant sur le goulot de la bouteille. Une partie du gaz contenu dans le ballon se vide dans la bouteille et prend sa forme. Le gaz n'a donc pas de forme propre.

❷ Expérience n°1 : l'état solide

Certains élèves vont proposer de casser la roche pour en modifier le volume. Leur expliquer que l'on aura bien plusieurs morceaux de roche mais que le volume global n'aura pas changé. Si on additionne le volume de chaque petit morceau de roche, on obtiendra le volume initial.

Pour le glaçon, expliquer que c'est son état solide qui nous intéresse et qu'à partir du moment où il fond, il devient liquide.

Il n'est donc pas possible de changer le volume d'un solide.

Expérience n°2 : l'état liquide

Prélever les liquides (eau puis huile) avec la seringue, puis les compresser après avoir bouché la sortie de la seringue. On constate que leur volume ne change pas. Les liquides ont donc un volume propre.

Expérience n°3 : l'état gazeux

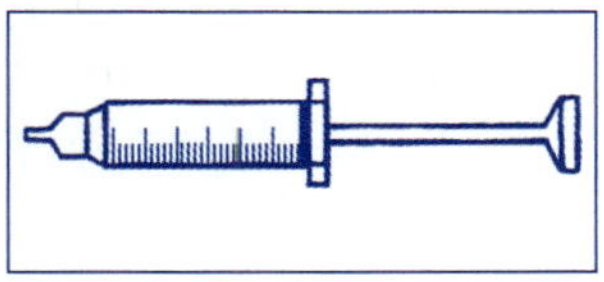

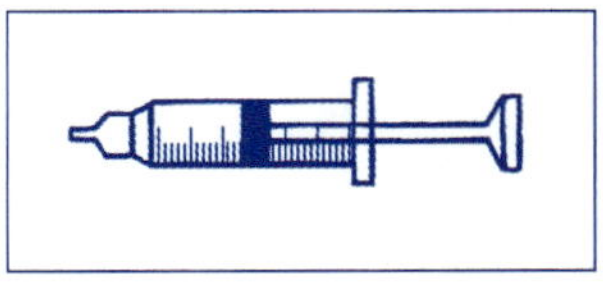

Boucher la sortie d'air de la seringue et appuyer sur le piston. On constate qu'il est possible de compresser l'air avec le piston de la seringue. L'air est donc compressible, il n'a pas de volume propre.

Remarque : le résultat de ces expériences est valable à température constante car le volume des matériaux change en fonction de leur température. Par exemple, l'eau liquide en se réchauffant se dilate et augmente donc légèrement de volume.

Conclusion

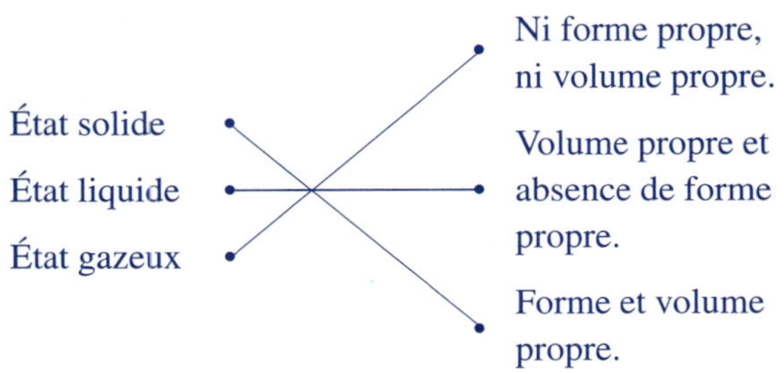

Masse et mesure

Fiches 4a et 4b
Mesures et conversions de masse

Objectif

Apprendre à utiliser une balance et un tableau de conversion.

Matériel

Une balance électronique de cuisine pouvant réaliser la tare, des séries de petits objets ayant à peu près tous la même masse (sucre en morceaux, briques de construction de même forme, petites cuillères, verres en plastique...), du sable, de la farine, du sucre en poudre, de la semoule, un récipient pouvant contenir les produits « en poudre ».

Les balances de cuisine peuvent être apportées en classe par les enfants. Certaines d'entre elles possèdent un affichage en grammes et kilogrammes. Elles pourront être utilisées pour la deuxième partie de la fiche.

Déroulement

Une balance par groupe de deux.

❶ Dans un premier temps, les enfants apprennent à peser directement des objets du quotidien. Bien vérifier que toutes les balances font les mesures en grammes.

L'utilisation de séries d'objets identiques permet d'obtenir des résultats homogènes pour chaque objet et de vérifier rapidement qu'il n'y a pas eu d'erreurs de mesure.

❷ La pesée des produits « en poudre » dans un récipient est régulièrement utilisée en cuisine et permet d'aborder la notion de tare.

Dans un premier temps, demander aux enfants de mesurer la masse du sable contenue dans une petite cuillère en utilisant le récipient.

Ils doivent découvrir que la masse mesurée est celle du sable **et** du récipient qui le contient et non celle su sable seul. Pour obtenir le bon résultat, il faut donc enlever la masse du récipient au total obtenu.

Les étapes sont donc les suivantes :

– Peser le récipient vide : RV

– Peser le récipient et le sable : RS

Pour obtenir la masse de sable S, effectuer le calcul suivant :

$$S = RS - RV$$

❸ Expliquer ensuite que les balances possèdent un bouton « tare » permettant d'enlever automatiquement la masse du récipient.

On pose d'abord le récipient, sa masse s'affiche. On appuie sur « tare », la masse du récipient s'annule et la balance indique 0 g. On ajoute le sable dont la masse est alors mesurée directement.

En application, une cuillère de chacun des produits proposés est pesée, le tableau est complété.

Pour expliquer le principe des conversions de masse, montrer le tableau ci-dessous, ainsi que l'encadré « INFOS ! » (en téléchargement).

t (tonne)	q (quintal)		kg (kilogramme)			g (gramme)			mg (milligramme)
1	0	0	0						
	1	0	0						
			1	0	0	0			
						1	0	0	0

INFOS !
1 tonne = 1 000 kilogrammes
1 quintal = 100 kilogrammes
1 kilogramme = 1 000 grammes
1 gramme = 1 000 milligrammes

Les élèves réalisent ensuite les conversions proposées en utilisant le tableau mis à leur disposition.

- La masse d'une voiture de 2 tonnes en kilogrammes : 2 t = 2 000 kg
- La masse d'un élève de 23 kilogrammes en grammes : 23 kg = 23 000 000 g
- La masse d'une caisse de 3 quintaux kilogrammes : 3 q = 300 kg
- La masse de ta cuillère de sable que tu as mesuré en grammes en milligrammes : 6 g = 6 000 mg

t (tonne)	q (quintal)		kg (kilogramme)			g (gramme)			mg (milligramme)
2	0	0	0						
		2	3	0	0	0	0	0	0
	3	0	0						
						6	0	0	0

Fiches 5a et 5b
Mesurer des volumes

Objectif

Apprendre à mesurer directement le volume d'un liquide et indirectement celui de solides.

Matériel

Un verre en plastique contenant 50 ml d'eau, une seringue de 10 ml, un bécher (et/ou un verre doseur) possédant des graduations au moins tous les 50 ml, de l'eau, des billes, du sable, une loupe.

Déroulement

❶ Les élèves entourent tous les objets (si cela est possible, ils peuvent être aussi réellement présentés par l'enseignant) qui ont une graduation visualisant le volume car sans elle, impossible d'obtenir une valeur chiffrée du volume.

Pour mesurer 8 ml, il faut prendre la seringue dont le volume maximum est de 10 ml.

Pour les 200 ml, utiliser le verre doseur.

Ils doivent ensuite mesurer le volume de l'eau contenue dans le verre à l'aide du bécher (ou du verre doseur).

La seringue contenant 10 ml, il faudra prélever 5 fois 10 ml (10 × 5 = 50 ml).

❷ Le volume d'un solide se mesure indirectement.

En plongeant un solide de volume inconnu (V_{solide}) dans un volume V_1 d'eau connu, on peut mesurer un volume V_2 qui permettra ainsi de calculer V_{solide} puisque :

$$V_{solide} = V_2 - V_1$$

Le volume d'une bille étant d'environ 0,4 ml il faudra environ une trentaine de billes par groupe.

Pour aller plus loin

Un grain de sable est un petit solide, les grains de sable n'étant pas jointifs, il y a de l'air entre chacun d'eux. Donc les 10 ml de sable correspondent au volume de tous les grains plus le volume d'air qui les sépare.

Avant de faire ajouter les 100 ml de sable au 100 ml d'eau, on fait observer aux élèves qu'il existe cet espace entre chaque grain à l'aide de la loupe. C'est cet espace qui fait qu'au total les élèves ne vont pas mesurer 200 ml mais un peu moins (l'eau a comblé ces espaces qui contenaient auparavant de l'air).

Mélanges

Fiches 6a et 6b
La séparation des mélanges

Objectif

Découvrir certaines techniques permettant de séparer les mélanges homogènes ou non.

Matériel

- Eau, huile, récipient transparent et étroit.
- Une essoreuse à salade, de la salade mouillée.
- Eau, sable, récipient transparent et étroit, petit entonnoir, filtre à café.
- Eau salée, feutre vert, filtre à café, verre, pique en bois.

Déroulement

Deux types d'organisations sont possibles :

- l'enseignant organise deux ateliers par technique et chaque groupe de deux ou trois élèves tourne toutes les 15 min et réalisera ainsi les 4 techniques ;
- si l'enseignant a moins de temps, il organise deux ateliers par technique et chaque groupe de deux ou trois élèves réalise une des techniques. Les groupes passent ensuite d'atelier en atelier et se font expliquer les différentes techniques par leurs camarades qui les auront réalisées.

La fiche sera complétée au fur et à mesure de la découverte des différentes techniques.

a) Technique n° 1 : la décantation

Elle va permettre de séparer l'eau et l'huile. Bien mélanger au départ l'eau et l'huile qui vont former un mélange non homogène. Laisser reposer le mélange 5 minutes durant lesquelles la décantation va se produire. L'eau, plus dense, tombe au font du récipient alors que l'huile, plus légère, remonte à la surface. On peut ensuite, si on le désire, séparer l'eau et l'huile en versant délicatement l'huile dans un autre récipient.

b) Technique n° 2 : la centrifugation

Elle va permettre de séparer l'eau et la salade. Ce n'est certes pas un vrai mélange mais il permet aux enfants de comprendre le principe de la centrifugation en utilisant l'essoreuse à salade. Dans la réalité, on utilise une centrifugeuse où le mélange est placé dans des tubes que l'on met en rotation rapide. Les deux éléments qui ont des masses différentes sont ainsi séparés. En réalisant cette expérience, les enfants vont s'apercevoir que l'eau à la surface de la salade se retrouve au fond de l'essoreuse. Donc l'eau s'est séparée.

c) Technique n° 3 : la filtration

Elle permet de séparer liquide et solide dans un mélange hétérogène en faisant passer le mélange dans un filtre. Elle va permettre de séparer l'eau et le sable. Faire un mélange eau / sable et le verser dans l'entonnoir, tapissé par le papier filtre. Le sable est bloqué par le filtre. Récupérer l'eau qui s'écoule dans le récipient. L'élève doit dessiner le sable bloqué par le papier filtre dans l'entonnoir. Il le légende. Il doit aussi dessiner et légender l'eau récupérée dans le récipient.

d) Technique n° 4 : la chromatographie

Elle permet de séparer différents colorants contenus dans un mélange homogène. La chromatographie est une technique de séparation qui sort de l'ordinaire. Elle est très facile à réaliser techniquement et le résultat est esthétique. Nous avons choisi cette technique plutôt que celle de l'évaporation, souvent connue des élèves, que l'enseignant peut mettre facilement en œuvre s'il le souhaite.

L'enfant réalise l'expérience décrite et dessine la tache verte sur le dessin de gauche. Il représente ensuite le résultat obtenu. La chromatographie va permettre de séparer les deux colorants à l'origine de la couleur verte, c'est-à-dire le bleu et le jaune. Étant différents, ils ne vont pas migrer à la même vitesse sur le papier filtre.

Fiches 7a et 7b
Comment nettoyer une eau sale ?

Objectif

Découvrir, à l'aide d'expériences, les différents traitements que subit une eau sale dans une usine d'assainissement des eaux.

Matériel

– Eau de chaux : mettre une cuillère à café bombée de chaux éteinte (à acheter dans un magasin de bricolage) dans un litre d'eau déminéralisée (eau pour fer à repasser) ; manipuler la chaux avec des gants car c'est un produit irritant pour les mains.
Agiter, laisser reposer puis filtrer (avec un filtre à café).
Le liquide obtenu est de l'eau de chaux. Ce liquide ne présente aucun risque d'irritation et peut donc être manipulé par les enfants. Il est également possible de se procurer l'eau de chaux auprès du laboratoire de sciences du collège ou du lycée de secteur.
– Une cuvette, un bocal transparent, un entonnoir, un filtre à café.

Déroulement

Les élèves prennent connaissance du but de la fiche et du matériel, puis chaque groupe de 2 ou 3 enfants dépose son matériel dans une cuvette qui délimitera leur champ de manipulation.

❶ Mélanger l'eau et la terre, avec le couvercle du bocal fermé, pendant deux ou trois minutes pour que les différents éléments qui constituent la terre se séparent correctement.

Après décantation, on obtient le résultat suivant :

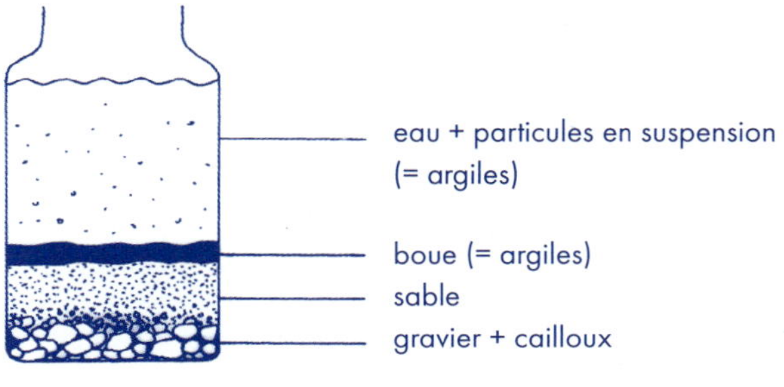

❷ Verser doucement dans un filtre afin que la boue ne se mélange pas avec l'eau. Cette filtration permet de retenir les plus grosses particules qui étaient en suspension.

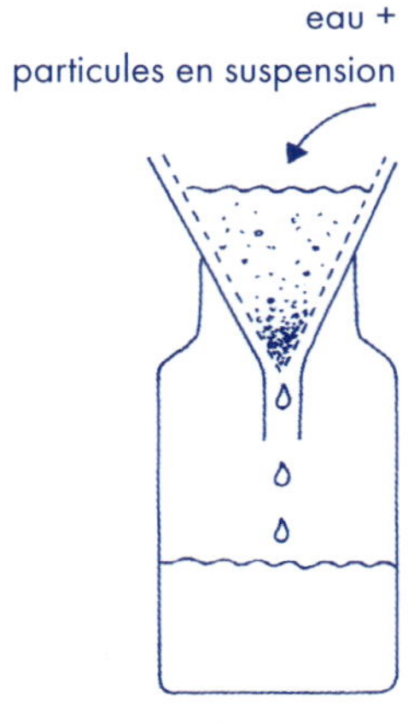

❸ Cette étape n'est pas concrètement réalisée dans les usines d'épuration, mais son utilisation ici est spectaculaire car l'eau de chaux permet une clarification de l'eau bien visible par les enfants. Elle permet de leur montrer que l'on utilise des produits chimiques pour nettoyer une eau sale. Exemple : le chlore (odeur caractéristique dans les piscines).

Fiches 8a et 8b
Mélanges solide - liquide

Objectif

Montrer que dans certains mélanges, les solides peuvent se dissoudre et que malgré leur dissolution la masse totale du mélange reste la même.

Matériel

Trois récipients transparents, du sable, du sel, du sucre, deux cuillères à café, une balance.

Déroulement

❶ La première partie de la fiche permet de montrer que certains solides sont solubles dans l'eau et forment un mélange homogène dans lequel on ne distingue pas les deux constituants l'un de l'autre contrairement à un mélange hétérogène dans lequel on va encore distinguer les deux constituants (ici, l'eau et le sable) après agitation.

❷ Les élèves pensent souvent qu'à la suite de sa dissolution, le sel a disparu. Le fait de démontrer qu'il n'y a pas de perte de masse dans un mélange homogène, et donc que la masse de l'eau et du sel s'additionnent, leur permet de réaliser que si la masse du sel est présente dans le mélange c'est qu'il est toujours là, mais qu'on ne le voit plus.

Remarque : dans un premier temps, le sel doit être pesé dans un petit récipient. Ne pas oublier de se servir de la tare pour enlever la masse du récipient (cf. fiche 4a). Même chose pour l'eau dans le verre, ne pas oublier d'enlever la masse du verre.

a) Cette dernière observation permet de montrer que certains solides peuvent se dissoudre dans l'eau et qu'il est possible de les récupérer par évaporation. Vous pouvez avoir préparé un récipient contenant du sel fin et expliquer que cela correspond au résultat.

Puisqu'il n'y a pas de perte de masse, celle-ci devrait être la même qu'au départ de l'expérimentation.

Différents types de mouvement

Fiches 9a et 9b
Mouvements rectiligne et circulaire

Objectif

Découvrir ce qu'est un mouvement et ses deux principaux types.

Matériel

Une bille, une balle (de tennis de table, de tennis…), une toupie, tout récipient permettent d'y faire tourner une bille à l'intérieur (petite casserole, couvercle d'un pot, boite en métal circulaire…).

Déroulement

Un mouvement est défini par sa trajectoire et sa vitesse. Dans un mouvement rectiligne, l'ensemble des points qu'un objet occupe au cours de son mouvement est une droite ; dans un mouvement circulaire, c'est un cercle.

Comme nous pouvons le lire dans le programme officiel, « L'étude du mouvement d'un objet nécessite toujours la mention du point de vue selon lequel ce mouvement est décrit et caractérisé. » Par exemple, deux personnes assises dans un bus sont immobiles l'une par rapport à l'autre alors qu'une personne, située sur le trottoir, qui regarde passer le bus les verra toutes les deux en mouvement. Il est donc toujours important de fixer un « point de vue ».

❶ Faire se déplacer, en ligne droite, deux élèves dans la classe, l'un à côté de l'autre et qui avancent à la même vitesse. L'un d'eux porte un sac à dos. Compléter la fiche avec le prénom des élèves se déplaçant. Vous pouvez préciser ou non le vocabulaire à utiliser : « en mouvement » ou « immobile ».

Élève 1 et **Élève 2** sont **en mouvement** par rapport à moi.

Élève 1 est **immobile** par rapport **Élève 2**.

Le sac à dos de « **Élève 1** » est **en mouvement** par rapport à moi.

Le sac à dos de « **Élève 1** » est **immobile** par rapport à lui.

❷ Pour évaluer la compréhension de la notion de mouvement, les élèves complètent le dessin après lecture du texte. On précise que les personnages sont dessinés soit dans le train, soit à l'extérieur. Louise : « Malika était immobile » ; donc Louise est dans le train proche de Malika.

La maman de Malika qui tenait son chien en laisse : « Malika et Louise se déplaçaient vers le sud » ; donc la maman et le chien sont sur le quai et regardent le train partir vers le sud.

Cynthia : « Je n'ai rien vu car j'étais en train de regarder le quai de la gare qui reculait ».

João : « Pio s'éloignait vers le nord et Cynthia ne bougeait pas ».

❸ **a)** Après avoir réalisé les expériences, les enfants dessinent une droite représentant le trajet de la bille sur la table et une droite montrant le déplacement vertical de la balle vers le sol. Ils en déduisent que :

Un mouvement est **rectiligne** lorsque sa trajectoire est **une droite**.

b) Le point sur la toupie et la bille à l'intérieur ont tous les deux une trajectoire qui forme un cercle.

Ils en déduisent qu'un mouvement est **circulaire** lorsque sa trajectoire est **un cercle**.

Fiches 10a et 10b
Quelle est ma vitesse ?

Objectif

Découvrir et comprendre comment se mesure une vitesse.

Matériel

Un décamètre, un chronomètre par groupe et une calculatrice.

Préparation

Tracer un (ou plusieurs lorsque cela est possible) couloir(s) de 60 mètres de long à l'aide du décamètre. La distance est notée à la craie tous les 5 mètres afin que les élèves puissent rapidement estimer la distance parcourue.

Déroulement

La séance se déroule dans la cour. Elle va permettre de calculer quelle est la vitesse d'un enfant lorsqu'il marche et lorsqu'il court.

En préparation, un dialogue est entamé en classe afin de découvrir ce qu'est la vitesse et comment elle se mesure. Il en ressort qu'elle est fonction de la distance et du temps et qu'il va donc falloir, pour la calculer, un chronomètre et un décamètre.

❶ Par groupe de trois, on aura successivement un élève qui marche ou qui court, un qui chronomètre 10 secondes et l'autre qui évalue, à partir des marques disposées sur le sol, la distance parcourue en mètres. Chaque élève fera deux déplacements de 10 secondes (top départ et top « stop » donnés par l'élève qui chronomètre), un en marchant, l'autre en courant. L'élève qui évalue la distance donne le résultat à son camarade.

Chaque élève de la classe aura donc deux valeurs :

– distance parcourue en 10 secondes en marchant ;

– distance parcourue en 10 secondes en courant.

Ces expériences vont permettre de comprendre ce qu'est une vitesse et comment on évalue sa valeur.

❷ Une vitesse se définit en distance parcourue par unité de temps.

$$V = D \div T$$

avec V : vitesse ; D : distance ; T : temps

Ici la distance est mesurée en mètres et le temps en secondes. Le calcul se fait donc en m/s.

Le temps étant mesuré sur 10 secondes, il suffira de diviser par 10 la distance parcourue pour obtenir des m/s :

$$V\ (\text{m/s}) = D\ \text{mesurée} \div 10$$

En fonction du type de vitesse mesurée les unités de distance et de temps choisies vont être différentes :

– vitesse d'une voiture en kilomètres parcourus en une heure ;

– vitesse de la lumière en kilomètres par seconde ;

– vitesse de déplacement des plaques lithosphériques en centimètres par an.

❸ Les enfants étant plus habitué au km/h, le calcul est réalisé.

Il suffira de multiplier la distance mesurée par soixante (une minute = 60 secondes) puis à nouveau par 60 (une heure = 60 minutes) pour déterminer la distance parcourue en mètres par heure.

$$V\ (\text{m/h}) = V\ (\text{m/s}) \times 60 \times 60$$

On divise ensuite ce résultat par 1000 pour l'avoir en kilomètre par heure.

$$V\ (\text{km/h}) = V\ (\text{m/h}) \div 1\,000$$

Ressources en énergie et conversion d'énergie

Fiches 11a et 11b
Besoins et sources d'énergie

Objectifs

– Découvrir les sources et les besoins en énergie de l'homme au quotidien.

– Trouver des données par une recherche documentaire.

Matériel

Faire effectuer des recherches avec les documents de l'école ou sur Internet.

Photos pour illustrer les différentes sources d'énergie.

Déroulement

❶ Une discussion est engagée avec l'ensemble de la classe pour déterminer quels sont les éléments de notre vie quotidienne qui nécessitent de l'énergie. La première ligne du tableau est alors complétée. Individuellement ou par deux, en fonction du niveau des élèves, les enfants essayent de compléter au crayon à papier la deuxième ligne du tableau. Les élèves découvrent que nos principaux besoins en énergie sont le pétrole et l'électricité.

❷ Une discussion est engagée avec la classe. On peut aussi demander aux élèves de faire des recherches.

❸ Les enfants doivent faire sur Internet, soit chez eux, soit à l'école (par groupes de deux), une recherche sur les pourcentages d'utilisation de chacune des énergies proposées.

❺ La fiche 11b ne sera distribuée que lorsque l'ensemble du recto aura été réalisé.

Les définitions sont complétées collectivement ou en petits groupes, à l'aide de recherches faites sur Internet.

Les calculs montrent (voir corrigés) que les énergies renouvelables sont peu développées. La fiche 12 présente les différentes énergies renouvelables.

Fiches 12a et 12b
Les énergies renouvelables

Objectif

Comprendre l'intérêt des énergies renouvelables comparées aux énergies non renouvelables.

Matériel

Un moteur électrique de jouet, fonctionnant avec des piles ; des briquettes en plastique (type Lego ou Meccano) qui s'adaptent sur le moteur ; une baguette en bois de 30 cm ; quatre petites cuillères de glace en pot ; colle à bois ; deux baguettes de bois en forme de Y ; une cuvette.

Déroulement

❶ Sur le moteur, fixer les briquettes en plastique pour construire une hélice et la faire fonctionner. Les enfants comprennent que l'énergie qui fait tourner l'hélice est électrique et qu'elle est fournie par les piles. Cette énergie n'est pas renouvelable puisque la pile s'épuise ; il faut la remplacer régulièrement. Il reste donc un déchet, la pile, qui est polluante et dont le recyclage est onéreux.

❷ Un enfant verse de l'eau sur le moulin qu'un autre tient au-dessus de la cuvette ou de l'évier. L'hélice se met alors à tourner. La source d'énergie qui permet de la faire tourner est la force exercée par la chute de l'eau. Dans la nature, les chutes d'eau et les rivières sont des lieux où le moulin pourrait tourner indéfiniment. Cette source d'énergie est donc renouvelable puisque, malgré des différences de débit durant les saisons, une rivière coule tout le temps.

❸ Un enfant tient le moulin, un autre souffle dessus. L'énergie qui fait tourner le moulin est le vent. Dans les régions très ventées, cette source est renouvelable puisqu'il y a souvent du vent, même s'il est plus ou moins puissant.

Signal et information

Fiches 13a et 13b
Ombres et phases de la Lune

Objectifs

– Comprendre les notions d'ombres propre et portée.

– Observer et nommer les différentes phases de la Lune.

Matériel

Une lampe suffisamment puissante pour produire un faisceau lumineux assez visible. Un objet de forme géométrique à éclairer (par exemple une boule de polystyrène que l'on peut tenir piquée sur une brochette en bois). Un tableau blanc ou un mur blanc. Si nécessaire, un calendrier sur deux mois avec des cases pour y dessiner les phases de la Lune.

Déroulement

❶ **a)** Si un objet opaque est éclairé, la zone située derrière l'objet ne va pas recevoir de lumière ce qui va former des zones d'ombre :

– l'ombre propre est la partie d'un objet qui ne reçoit pas de lumière lorsqu'il est éclairé.

– l'ombre portée est la zone située derrière l'objet qui ne recevra pas de lumière.

Expliquer qu'un objet opaque, contrairement à un objet transparent, ne laisse pas passer la lumière.

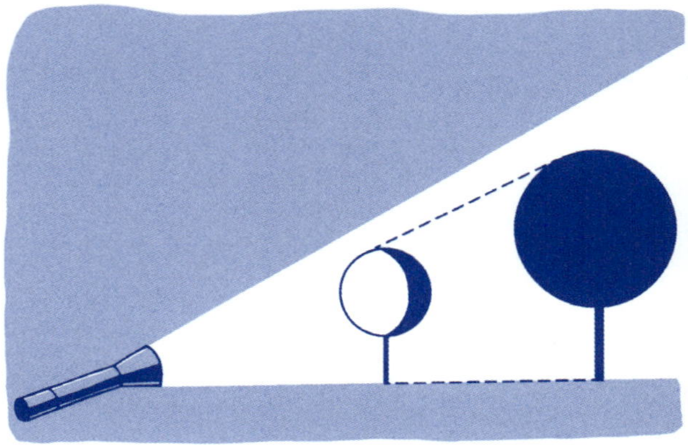

b)

Cette expérience permet de montrer que la forme de l'ombre dépend de la forme de l'objet éclairé.

❷ **a)** Si vous en avez la possibilité, distribuez un calendrier comportant deux mois de l'année scolaire pour que les enfants y dessinent, lorsqu'ils peuvent l'observer, la forme de la Lune. Ils comparent ensuite leurs dessins aux photographies proposées et remettent dans l'ordre les différentes phases observées.

Dans le cas contraire, on explique, pour qu'ils retrouvent l'ordre, que si on rajoute une barre verticale à la forme de la lune observée et que cela forme un « **p** », nous sommes dans la **pre**mière partie du cycle (on va vers la pleine lune) et si cela forme un « **d** » nous sommes dans la **d**ernière partie du cycle (on va vers la nouvelle lune).

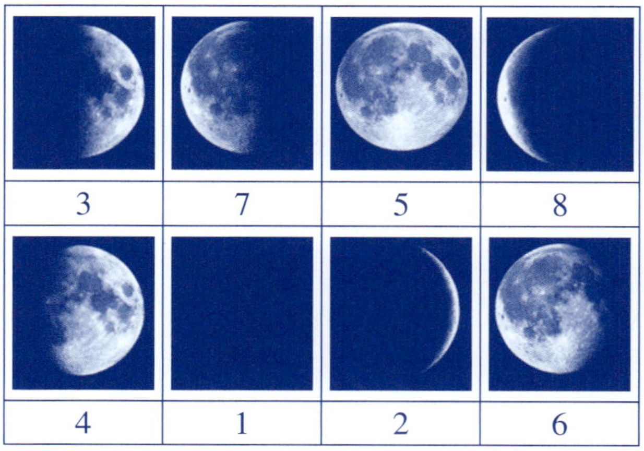

b)

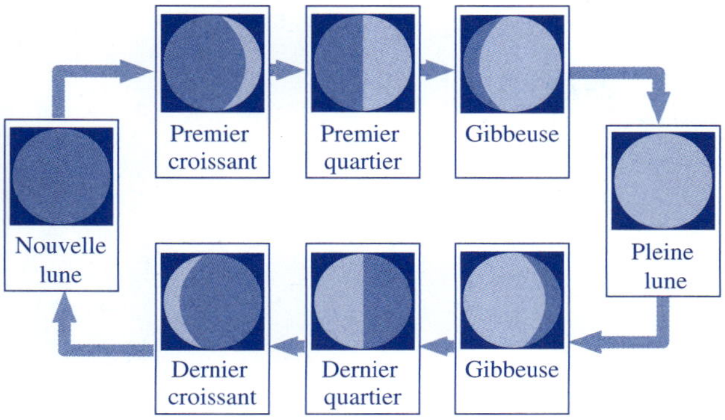

Pour aller plus loin : Lors d'une éclipse solaire, on observe l'ombre propre de la Lune, sa partie sombre, non éclairée par le soleil.

Fiches 14a et 14b
Réaliser un circuit électrique

OBJECTIF

Comprendre ce qu'est un circuit électrique et apprendre à les schématiser à l'aide de symboles.

MATÉRIEL

3 fils électriques adaptés pouvant être reliés à une lampe et un interrupteur (matériel à acheter dans un catalogue de matériel spécialisé), une lampe, une pile plate, un interrupteur.

DÉROULEMENT

❶ Distribuer la pile, la lampe et deux fils électriques et laisser les élèves découvrir eux-mêmes le montage.

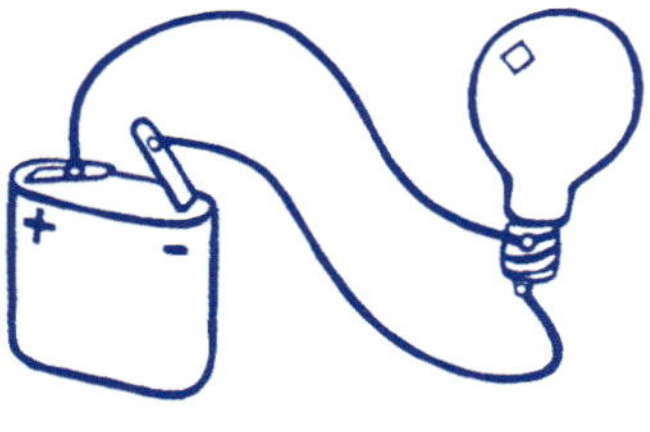

Expliquer que pour simplifier ce type de dessin on utilise en électricité des symboles permettant de réaliser des schémas électriques.

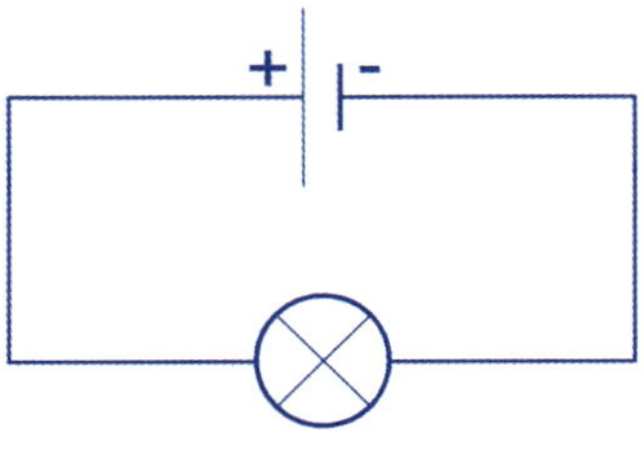

Un circuit est un chemin complet ayant un même point d'arrivée et de départ. Ici, le tour complet est parcouru par l'électricité d'où l'appellation « circuit électrique ».

❷ Si on interrompt ce circuit électrique en ouvrant un interrupteur électrique, le circuit n'est plus fermé et il ne fonctionne plus. La lampe ne s'allume plus.

a) circuit électrique « pile – lampe – interrupteur qui permet d'allumer la lumière »

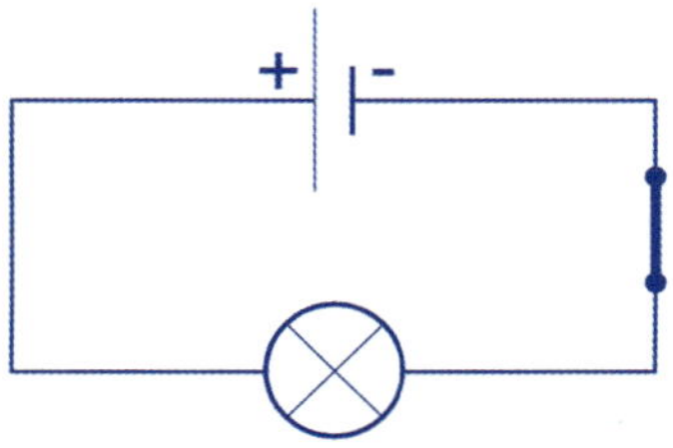

Dans ce circuit qui allume la lampe, l'interrupteur est *ouvert* / ***fermé***.

b) circuit électrique « pile – lampe – interrupteur qui permet d'éteindre la lumière »

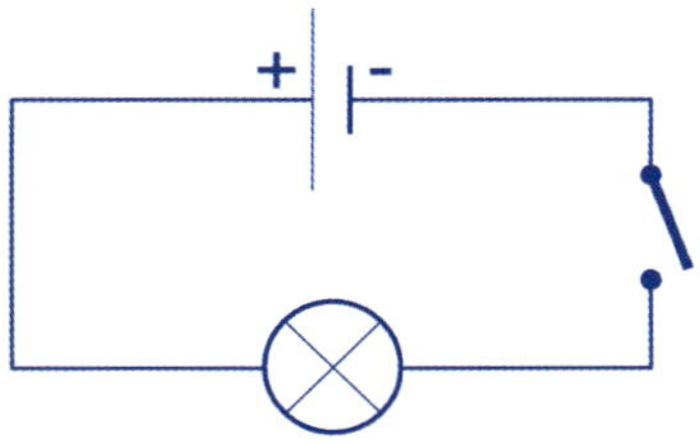

Dans ce circuit qui éteint la lampe, l'interrupteur est ***ouvert*** / *fermé*.

PARTIE 2
LE VIVANT, SA DIVERSITÉ ET LES FONCTIONS QUI LE CARACTÉRISENT

Panorama du monde vivant

Fiches 15a et 15b
Comment est faite une fleur ?

OBJECTIF

Observer un des stades de développement d'une plante, ici la plante fleurie apte à se reproduire.

DÉROULEMENT

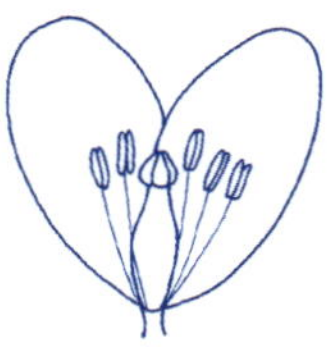

❶ Le fait d'enlever trois pétales permet de voir la structure interne de la fleur tout en gardant la possibilité de dessiner ses pétales.

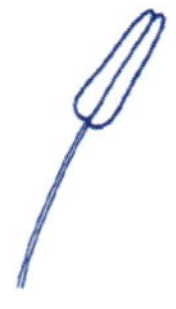

❷ Les enfants vont observer les étamines en périphérie et le pistil au centre. Ils prélèvent une étamine à l'aide de pinces et la collent sur la fiche avec du ruban adhésif. La petite poudre qui est sur le « sac à pollen », ou anthère, est formée de grains de pollen. Si vous en avez déjà parlé en classe, vous pouvez préciser aux enfants qu'ils correspondent, chez la fleur, aux spermatozoïdes.

❸ Il y a 6 étamines et un pistil. Coupez le pistil dans le sens de la longueur à l'aide d'une lame de rasoir (faire les coupes avant de commencer la séance). Distribuez un demi-pistil par groupe. Faire remarquer aux enfants que le pistil est un « sac à ovules », où se formeront les graines. Leur faire compléter le dessin.

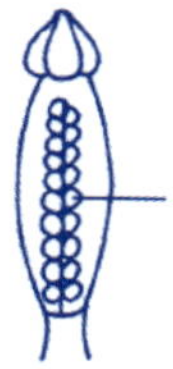

Fiches 16a et 16b
Comment classer les mammifères ?

Objectifs

– Découvrir quels sont les points communs existant entre les mammifères qui font qu'ils appartiennent au même groupe.

– Trouver ensuite les critères qui permettent de classer les mammifères en différents sous-groupes.

Matériel

Ciseaux, colle.

Déroulement

❶ Les élèves, par groupes de deux, font dans un premier temps appel à leur connaissances initiales et essayent de définir les critères qui font qu'un animal va appartenir aux mammifères. Par groupes de deux ou trois, les élèves recherchent des groupes de mammifères qu'ils connaissent : herbivores, carnivores, omnivores, insectivores... Les enfants notent le nom des animaux sur la fiche et entourent les mammifères (dauphin, cheval, chien, singe, vache et chat). Les dessins sont observés une deuxième fois. Les points communs aux mammifères sont alors précisés par les élèves et si nécessaire corrigés par l'enseignant. L'enseignant pourra indiquer aux élèves que les dauphins ont des poils (peu de poils et très courts).

❷ Une classification est faite à partir de critères qui permettent de regrouper les espèces dans des ensembles, puis des sous-ensembles et ainsi de suite. Certains animaux viennent d'être classés dans les mammifères à partir de deux critères. Tous ces animaux peuvent être classés dans des sous-ensembles à l'aide d'autres critères. Le schéma de la fiche 16b présente l'ensemble des mammifères et quelques-uns de ses sous-ensembles dans lesquels sont précisés les critères d'appartenance.

Expliquer tout d'abord les termes complexes aux élèves. Les enfants doivent ensuite découper les vignettes de la fiche 16a et, dans un premier temps, les disposer dans le bon sous-ensemble en observant bien l'animal et les détails représentés. Ils doivent ainsi trouver les critères correspondant à tel ou tel groupe.

Après correction et explication des erreurs d'observation, l'ensemble des vignettes est collé dans les sous-ensembles.

Fiche 17a et 17b
Comment classer les plantes ?

Objectif

Retrouver la famille d'une plante en observant de façon précise ses critères anatomiques et en procédant par élimination et déduction.

Matériel

Vous devez vous procurer 7 types de végétaux différents :

– des branches de chêne avec des feuilles et des glands (en mettre de côté à l'automne) ;

– des branches de pin ou de sapin et des pommes de pin ;

– des fleurs reconnaissables par tous les enfants : pâquerette, pissenlit, bouton d'or, etc. ;

– des fougères ;

– des mousses ;

– des champignons ;

– des algues (fournissez-vous auprès d'un poissonnier ; demandez si possible des algues vertes, car la couleur verte est un critère important pour leur classification).

À défaut d'avoir les éléments souhaités, il est possible de travailler à partir des photos des différents végétaux.

Déroulement

Répartir les élèves par groupes de 2 ou 3. Disposer sur différentes tables tous les végétaux par type, sans ordre précis et numéroter chaque type. Prévoir un échantillon de chaque végétal par groupe. Les enfants viennent prendre les 7 échantillons nécessaires en notant bien leur numérotation.

❶ En les observant, ils essayent de donner un nom à chaque plante. Vérifier leur travail.

Exemple : ① le chêne, ② l'algue, ③ le pissenlit

❷ Faire remplir la première ligne du tableau en respectant bien les numéros des végétaux. À partir de leurs observations, les enfants remplissent toutes les cases du tableau. À l'aide de ces informations et de la classification, ils vont pouvoir trouver les familles de chaque plante.

❸ Les enfants indiquent sur la fiche 17b le numéro de la plante qui correspond à la famille, à partir de la comparaison entre les résultats obtenus dans le tableau et la classification.

Vous pouvez proposer une évaluation du type :

Donne un nom aux plantes qui sont décrites ci-dessous.

– J'ai des feuilles vertes, pas de racines et je vis dans l'eau.
Je suis : ....

– J'ai des feuilles vertes, des racines, des fleurs et une tige qui est souple.
Je suis : ....

– J'ai des feuilles vertes, des racines, un tronc et des fruits.
Je suis : ....

Fiches 18a et 18b
Fossiles et échelles des temps géologiques

Objectif

Montrer que grâce aux fossiles on a pu reconstituer une histoire de la vie sur Terre.

Matériel

Des vignettes de fossiles à découper, situées sur la fiche 18b.

Déroulement

Faire réaliser la frise en collant les vignettes.

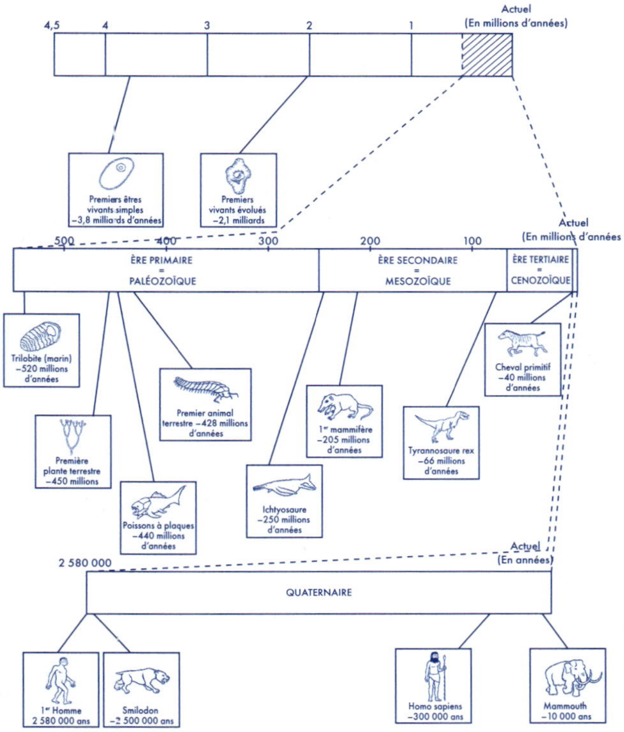

Le tyrannosaure et le mammouth seront à entourer en rouge (disparition) tandis que les autres espèces devront être entourées en vert (apparition).

Si possible, procurez-vous des fossiles. Voici quelques exemples de fossiles que l'on peut se procurer facilement : trilobites, brachiopodes, ammonites, belemnites. Essayez de les dater en utilisant par exemple « Google lens », puis placez-les sur la frise.

Alimentation humaine

Fiches 19a et 19b
Les besoins en énergie de notre organisme

Objectifs

– Connaitre les besoins en énergie de notre organisme.

– Montrer aux enfants que les apports énergétiques de la journée ne sont pas toujours équilibrés.

Matériel

Les étiquettes des aliments mangés lors d'une journée. Les enfants récupèrent les étiquettes et les emballages des aliments qu'ils ont consommés ou, s'ils ne peuvent les amener en classe, ils notent la quantité d'énergie que ces aliments représentent pour un gramme.

Déroulement

❶ Expliquer aux élèves les différentes parties du tableau avant de le faire compléter. Pour simplifier les calculs, découper la journée en tranches horaires (éviter les quarts d'heure et les demi-heures).

Dans la deuxième partie, leur expliquer le calcul : multiplier le nombre de kilojoules consommés en une heure par le temps effectif consacré à cette activité lors de la journée. On calcule ainsi la quantité d'énergie utilisée en une journée.

❷ Reprendre l'exemple du tableau pour expliquer le principe du calcul. Faire évaluer l'énergie contenue dans chaque repas (par des additions) pour calculer le total général de l'ensemble des repas de la journée. Au besoin, aider les enfants à faire ces calculs.

Conclusion

La comparaison des deux résultats permet aux enfants de voir si leurs repas sont adaptés par rapport aux dépenses énergétiques journalières.

Lors d'une journée moyenne, un enfant dépense la quantité d'énergie suivante (l'énergie s'exprime en kilojoules, notés kJ) :

– un enfant de 20 kilos (4-7 ans) dépense 7 650 kJ par 24 heures ;

– un enfant de 28 kilos (7-10 ans) dépense 9 150 kJ par 24 heures.

Fiches 20a et 20b
Appareil digestif et digestion

Objectif

Analyser l'organisation du tube digestif et comprendre le rôle de ses différentes parties.

Matériel

Un bout de pain.

Déroulement

❶ Commencer la séance en demandant quel est le rôle du tube digestif afin d'arriver aux informations données en début de fiche : « Le tube digestif te permet de digérer tes aliments en les transformant en petits éléments : les nutriments que ton corps va pouvoir utiliser pour fonctionner, grandir ».

En fonction de l'intérêt des élèves, vous pouvez préciser que les nutriments sont principalement le glucose (sucre), les acides aminés (éléments de base des protéines) et les acides gras (lipides). Ces derniers vont pouvoir entrer dans le sang et être distribué s à l'ensemble des organes qui vont les utiliser pour leur bon fonctionnement, produire de l'énergie et croitre.

Faire ensuite dessiner dans le cadre de gauche de la fiche 20a la représentation que l'élève a du tube digestif.

❷ Afin de confirmer ou corriger leur représentation, ils vont ensuite la confronter au schéma qui leur est proposé en fiche 20b et qu'ils vont coller à côté du leur.

❸ L'expérience de mastication du pain permet de mettre en évidence le rôle de la bouche dans la digestion. Un rôle mécanique en broyant les aliments et un rôle chimique grâce à l'enzyme contenu dans la salive qui découpe l'amidon contenu dans le pain en sucre, d'où le gout sucré ressenti après quelques minutes de mastication.

Après analyse de l'expérience, qui peut se faire à l'oral ou l'écrit, la lecture du texte permet de compléter le schéma du tube digestif comme ci-dessous.

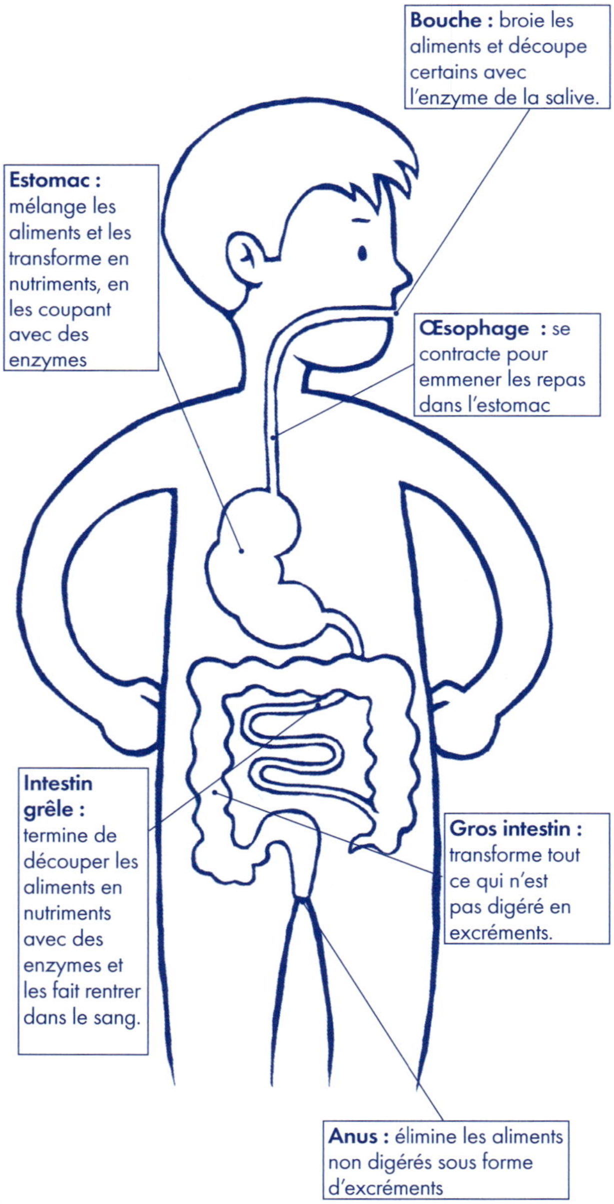

Fiches 21a et 21b
Équilibrer sa ration alimentaire

OBJECTIF

Calculer sa ration alimentaire en glucides, lipides et protides à partir des aliments mangés au cours d'une journée afin de vérifier son équilibre.

MATÉRIEL

Les étiquettes et emballages des aliments qui ont été consommés lors d'une journée. Inciter les enfants à noter au fur et à mesure des repas les aliments et les quantités mangés. Les enfants ont appris, dans les classes précédentes, que les aliments contiennent des glucides, des lipides et des protides. On considère qu'une ration alimentaire est équilibrée si, durant la journée, on consomme quatre portions de glucides pour deux de protéines et une de lipides (GPL = 421). Avec cette fiche, les enfants vérifient qu'ils respectent bien ces proportions dans leur alimentation.

DÉROULEMENT

❶ Faire remplir le tableau par étapes :

– nom des aliments et leur poids estimé ;

– proportion de glucides, lipides et protides contenus pour 100 grammes de chaque aliment.

Faire remarquer aux élèves que, sur certains emballages, les proportions en GPL sont indiquées. Ils peuvent aussi s'aider du tableau de la rubrique « Pour t'aider ». Lorsque l'aliment n'est pas dans le tableau, choisir l'aliment le plus proche.

❷ Faire calculer le total en glucides, lipides et protides (voir la rubrique « Pour t'aider », ❷). Si les trois résultats obtenus ne sont pas égaux – ce qui est souvent le cas –, les enfants notent dans la conclusion les aliments dont ils doivent augmenter ou diminuer la consommation. Ils recherchent dans le tableau de nouveaux aliments qui les aident à équilibrer leur alimentation.

Fiches 22a et 22b
La fabrication du yaourt

OBJECTIF

Montrer que les bactéries et les moisissures (des champignons microscopiques) ne sont pas forcément nocifs pour les aliments, mais qu'au contraire, certains permettent la fabrication d'aliments tels que le yaourt et le pain.

Cette fiche, comme la fiche 21, permet d'organiser une séance de transition avec la 6e en introduisant un chapitre sur les microorganismes qui pourra alors être abordée dès la rentrée suivante.

MATÉRIEL

Un yaourt, du lait, des pots de yaourt, une loupe.

Déroulement

❶ La fabrication du yaourt est très facile. Il n'est pas indispensable de mettre les expériences sur un radiateur, mais la réaction se déroulera plus rapidement. Pour le lait seul, rien ne change, alors qu'avec une cuillère de yaourt on obtient dès le lendemain du yaourt qui est consommable. Du yaourt est donc indispensable pour sa fabrication.

❷ Avec le yaourt bouilli, il n'est pas possible de fabriquer du yaourt. On sait que l'ébullition tue les microbes, donc que le yaourt contient des bactéries ou des moisissures qui permettent la transformation du lait en yaourt.

❸ À la loupe, on n'observe pas de moisissures, donc il y a des microbes. Ce sont des bactéries.

Reproduction des êtres vivants

Fiches 23a et 23b
Qui est le plus âgé ?

Objectif

Observer le point commun entre deux éléments biologiques très différents afin de déterminer leur âge.

Organisation

Les expériences se réalisent par groupe de deux.

Il est conseillé d'avoir traité au préalable la croissance des plantes et notamment la fiche 43 « Expérimenter pour identifier quelques besoins des végétaux ? ».

Préparation

Il faut sélectionner des tranches d'arbre et des coquillages sur lesquels on observe bien les zones d'accroissement.

Déroulement

❶ Les enfants doivent arriver à des dessins qui montrent qu'ils ont bien distingué des stries. Il faut que soit mis en évidence le point commun entre les deux dessins : les zones d'accroissement.

❷ À partir d'une discussion, l'enseignant doit amener les enfants à trouver qu'une marque correspond à une année de croissance, pour l'arbre comme pour le coquillage.

❸ Les enfants ne peuvent pas trouver l'âge des arbres dessinés car il faudrait les couper pour observer une tranche. Pour les coquillages, les stries étant directement observables, ils peuvent répondre aux questions.

Pour aller plus loin

❶ L'exercice permet de montrer que la largeur du cerne n'a rien à voir avec l'âge et donc qu'un gros arbre peut être plus jeune qu'un petit.

❸ L'enfant réinvestit les notions vues dans la fiche 43, qui lui permettent d'expliquer la largeur des cernes : plus un facteur est présent, plus la plante pousse.

Fiches 24a et 24b
Déterminer l'âge d'un arbre

Objectifs

– Trouver l'âge d'un arbre, découvrir que sa croissance n'est pas continue.

– Découvrir que sa croissance dépend des conditions de vie.

Matériel

Des « tranches » de tronc d'arbre épaisses de 3 à 4 cm. Vous pouvez demander aux enfants si, dans leur entourage (famille ou amis), quelqu'un peut leur découper une dizaine de tranches. Si vous ne pouvez pas vous en procurer, utiliser des photographies trouvées sur Internet (ou photos de souches). Distribuer les « tranches » ou les photographies par groupes de 2 ou 3. Les faire observer. Les enfants constatent qu'il y a comme des cercles à l'intérieur. Expliquer que chaque zone délimitée par deux cercles est appelée *cerne* et qu'elle correspond à la croissance en épaisseur d'un arbre durant une année.

Déroulement

❶ Les enfants colorient en changeant de couleur les 5 cernes. Après avoir expliqué que l'arbre grandit en ajoutant une « couche » de bois chaque année, ils numérotent ensuite de 1 à 5 les cernes en partant du centre. Ils déterminent donc que l'arbre dessiné a 5 ans.

❷ Ils reconstruisent ensuite l'histoire de cet arbre en dessinant son aspect de 1 à 5 ans.

Pour aller plus loin

La croissance d'un arbre dépend de la quantité d'eau et de lumière qu'il va recevoir. L'idéal pour lui serait qu'il fasse beau le jour et qu'il pleuve la nuit.

Fiches 25a et 25b
Les étapes de la germination d'une graine

Objectif

Observer les trois étapes de la germination d'une graine et préciser le rôle de la racine et des feuilles.

Déroulement

Par groupe de deux.

❷ L'utilisation du papier essuie-tout permet d'observer sans difficulté le développement de la racine, qui autrement serait masqué par la terre.

❸ Après 24 à 48 heures, les enfants vont observer :

– La première étape : la graine qui s'imbibe d'eau commence à gonfler et déchire l'enveloppe qui l'entoure (B).

– La deuxième étape : la racine sort en premier car la plante a besoin d'eau ; son alimentation est assurée par les réserves de la graine ; on considère qu'à partir de la sortie de la racine, la germination est terminée (A).

– La troisième étape : les réserves de la graine vont rapidement s'épuiser ; les feuilles vont prendre le relais en fabriquant les molécules organiques nécessaires à la croissance de la plante au cours de la photosynthèse (C).

Pour aller plus loin

Cet exercice permet d'observer les structures qui permettent à la racine d'absorber l'eau (mais aussi les sels minéraux). Les enfants vont voir que la racine est recouverte de petits poils : les poils absorbants. Ce sont eux qui prélèvent l'eau ; c'est pour cela que, s'ils sont dans l'huile, la plante meurt par déshydratation. Ce n'est pas le cas si une autre partie de la racine se trouve dans l'huile (dessin 1). Lors de la germination, dire aux enfants de ne pas bouger les graines car les poils s'accrochent au papier essuie-tout et risquent d'être déchirés.

Des photos de la germination d'une graine de haricot peuvent être affichées.

Fiches 26a et 26b
Le cycle de développement du ténébrion

Objectif

Observer les stades de développement d'un animal (œuf – larve – adulte).

Matériel

Un élevage de ténébrions, une loupe, une petite coupelle, une paire de pinces.

L'élevage est très facile à réaliser. Les larves se trouvent facilement dans le commerce (animalerie, marchands d'articles de pêche) car elles sont utilisées comme appâts. Un bocal ou une boite en plastique conviennent parfaitement à l'élevage.

• Le remplir au deux tiers d'un mélange de son, de farine et de quelques croutes de pain.

• Y enfouir un chiffon humide, régulièrement humecté.

• En complément de repas, ajouter de la salade, des tranches de pomme de terre ou de carotte.

• Placer l'ensemble dans un lieu sombre et assez chaud.

On observe rapidement les trois stades de développement : la larve (le ver de farine), la nymphe (qui est immobile), l'adulte (qui mesure environ 1,5 cm).

Déroulement

❶

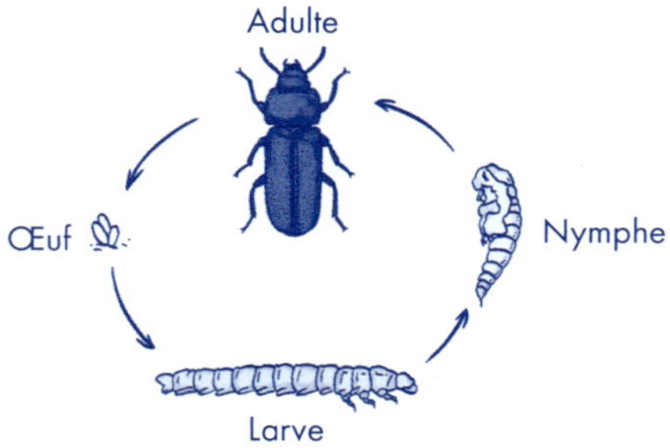

❷ Élevage a : stade larvaire → on observe que les larves se transforment en nymphes.

Élevage b : stade nymphe → la nymphe se métamorphose en adulte.

Élevage c : stade adulte → reproduction des adultes et apparition des œufs (très petits).

Durée de vie d'une larve = 10 semaines.

Durée de vie de la nymphe = 20 jours.

Durée de vie de l'adulte = 15 à 20 jours.

Les enfants trouvent donc que les œufs donnent la larve (le ver), que le ver se transforme en nymphe et que celle-ci donne l'adulte. Pour obtenir des œufs, il faut un adulte mâle et un adulte femelle.

Fiches 27a et 27b
De la fleur au fruit : la cerise

Objectif

Étudier les stades de développement, au cours du temps, de la partie reproductrice d'une plante : la fleur (fleur-pollinisation-fruit-graine).

Matériel

Petites branches de cerisier, qui seront prélevées à trois moments de l'année : **1)** à la floraison ; **2)** lorsque les fleurs fanent (le pistil est vert et commence à gonfler) ; **3)** lorsque le fruit est mûr.

Pour l'enseignant : des lames de rasoir pour réaliser les coupes.

Déroulement

❶ Cette partie permet de réinvestir les connaissances sur la structure de la fleur. Le fait de noter la date permet à l'enfant de concrétiser la durée des différents évènements.

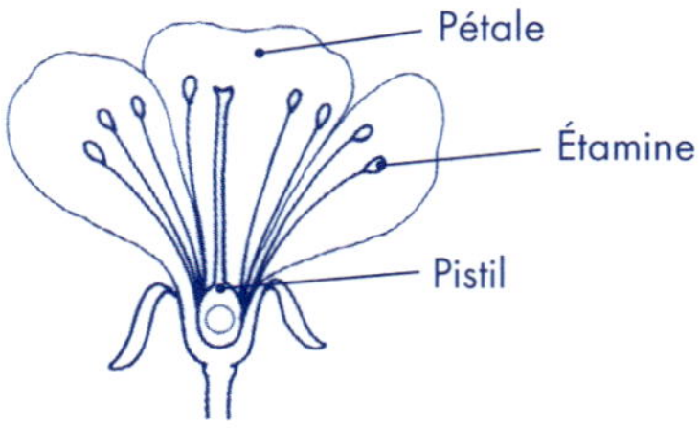

❷ Les pétales sont tombés.

– Les étamines sont toutes flétries, mais encore attachées (elles ne vont pas tarder à tomber).

– Le pistil a gonflé. C'est lui qui est à l'origine du fruit.

L'observation du pistil à ce stade, coupé dans le sens de la longueur, permet à l'enfant de voir qu'il n'y a qu'une seule graine en formation.

❸ On ne voit qu'un seul noyau, ce qui confirme le fait que c'est bien l'ovule qui se « transforme » en graine. La partie qui gonfle est le pistil (la base du pistil où se trouve l'ovaire).

Sur le schéma, les enfants colorient :
– pistil et chair du fruit en rouge ;
– ovule et graine en marron.

Pour aller plus loin

Cet exercice montre que l'ovule seul ne peut pas se transformer en graine. Un grain de pollen d'origine mâle doit intervenir. Il faut qu'il y ait rencontre entre les deux sexes, c'est-à-dire fécondation.

Fiches 28a et 28b
La reproduction du grillon

Objectifs

– Développer le sens de l'observation.
– Réaliser une synthèse.

Déroulement

Après quelques séances d'observation d'environ 10 min chacune et qui doivent se dérouler par groupes de 4 ou 5 enfants, ceux-ci réaliseront une synthèse de leurs observations. Le reste de la classe travaille sur d'autres ateliers. Les réponses seront complétées au fur et à mesure (ou en une séance sous forme de synthèse) car toutes les étapes du comportement ne peuvent être observées en une seule fois.

Élevage des grillons : vous pouvez vous procurer des grillons auprès d'organismes spécialisés, notamment :

www.lafermeauxinsectes.com

Prix : 13,80 € les 500 grillons « domesticas » adultes.

Vous devez dans un premier temps fabriquer un terrarium : Déposer dans un aquarium (de préférence rectangulaire) une couche de 3-4 cm de sable, que vous maintiendrez humide. Y déposer une brique creuse qui servira d'abri aux grillons, un pondoir pour la reproduction (un récipient en verre rempli de terreau humide : les œufs seront visibles par transparence), un abreuvoir (voir dessin).

Un abreuvoir

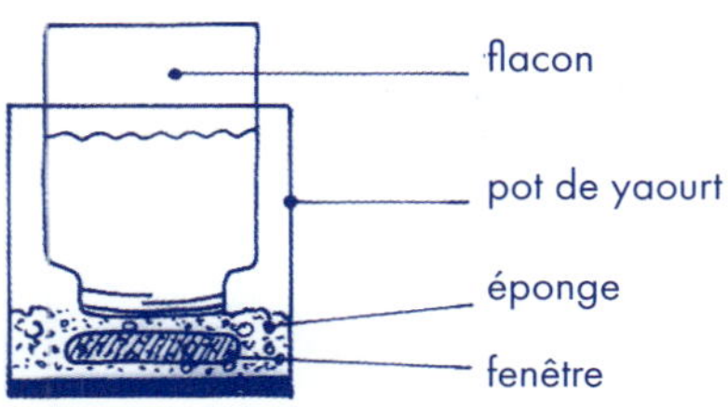

Il faut une température de 25 à 30 °C. Pour cela, installez une ampoule de 30 à 40 watts dans un pot de fleurs en terre cuite, l'ensemble étant accroché au plafond du terrarium (voir schéma). Recouvrez d'un grillage suffisamment fin pour éviter la fuite des jeunes grillons. (S'il n'est pas assez fin, vous pouvez le doubler à l'aide d'un bas nylon.)

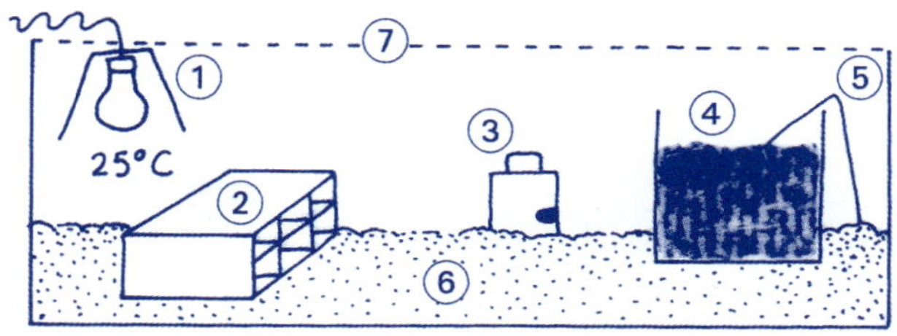

1 : ampoule électrique dans un pot en terre ; **2 :** brique creuse ; **3 :** abreuvoir ; **4 :** lieu pour pondre, avec terreau humide ; **5 :** feuille de papier donnant accès au pondoir ; **6 :** sable humide ; **7 :** couvercle grillagé. Pour maintenir la terre humide, versez tous les deux ou trois jours un peu d'eau dans un angle du terrarium.

Nourriture : vous pouvez donner du pain, de la pomme, de la salade, des morceaux de blanc d'œuf.

Avant de faire faire la fiche, expliquer l'oviparité et la viviparité à l'aide de ce texte :

Les animaux utilisent deux moyens principaux pour se reproduire.

L'oviparité : les animaux qui sont ovipares se reproduisent au moyen d'œufs qu'ils pondent dans l'eau (exemple : les poissons), sur le sol, dans des nids (exemple : les oiseaux, les dinosaures) ou dans la terre (exemple : le grillon). Les œufs éclosent après un certain temps.

La viviparité : les animaux qui sont vivipares donnent naissance directement à des petits de leur espèce (exemple : la vache, la lionne, la souris donnent naissance respectivement à des petits veaux, des lionceaux ou des souriceaux).

Fiches 29a et 29b
Le développement du grillon

Objectifs

– Observer les différents stades de développement d'un grillon.

– Comprendre, à partir de mesures, la croissance discontinue des insectes et la nécessité de mues.

– Aborder la notion de métamorphose.

Déroulement

À mettre en relation avec la fiche 28 « La reproduction du grillon ». En observant l'élevage depuis un certain temps, les enfants ont pu voir que les grillons grandissent et que, parfois, il y en a des blancs. L'éclosion d'un œuf donne naissance à un petit grillon blanc qui va noircir très vite. Il ressemble à l'adulte mais n'a pas encore d'ailes. Ce stade sera atteint après une dizaine de mues. Ces mues sont parfois observables. Le grillon, qui est alors tout blanc, se débarrasse de sa cuticule qu'il dévore (on ne peut donc pas trouver de mue dans le terrarium). Progressivement, sa nouvelle cuticule va se durcir et devenir noire. Les mesures avant et après les mues permettent de mettre en évidence la croissance discontinue des insectes. Il est nécessaire d'isoler quelques grillons pour pouvoir réaliser des mesures rigoureuses. Pour cela, fabriquez des mini-terrariums (fond de bouteille avec de la terre humide ; un petit morceau d'éponge constamment humide pour boire ; de la nourriture régulièrement ; le tout recouvert d'un morceau de collant) et placez-les dans le grand.

❶ La métamorphose est progressive puisque le petit ressemble à l'adulte.

❷ Le fait d'utiliser 3 grillons de tailles différentes permet de découvrir en même temps les différentes étapes de la croissance de ces animaux. Les enfants vont découvrir à partir des mesures que, certaines semaines, le grillon n'a pas changé de taille, alors que, d'autres fois, le changement de taille est important. Donc, si les changements de taille sont brusques, la croissance est discontinue.

❸ Un grillon blanc sort de sa « carapace » et la mange. Il est devenu plus grand : c'est la mue. (Si celle-ci n'a pu être observée en classe, expliquer le phénomène aux enfants avant d'aborder la question ❸.)

Fiches 30a et 30b
De l'enfant à l'adulte : la puberté

Objectifs

– Comparer les aspects physiques et internes de l'enfant et de l'adulte chez la femme et l'homme.

– Mettre en évidence les changements qui apparaissent lors de la puberté, période de la vie permettant le passage de l'enfant à l'adulte.

Déroulement

❶ Les changements de la femme lors de la puberté

a) Les changements physiques : l'aspect extérieur du corps

Après avoir comparé collectivement le dessin de l'enfant et de la femme, en spécifiant au besoin les termes anatomiques, demander aux élèves d'indiquer à l'aide de flèches les parties du corps qui subissent un changement et les décrire.

Certains changements physiques ne concernent pas tous les adolescents. Par exemple, l'acné est plus ou moins développée chez certains, mais il y en a toujours un petit peu. Tout comme la pilosité : elle sera plus ou moins importante selon la personne.

b) Les changements à l'intérieur du corps

Par une discussion en classe, des recherches en classe ou à la maison, les élèves doivent trouver les changements qui interviennent dans le corps de la femme à la puberté. Le changement important est la possibilité d'avoir des enfants. Pour cela, la femme acquiert la possibilité de fabriquer la cellule sexuelle femelle, l'ovule, qui sera fécondé par la cellule sexuelle mâle, le spermatozoïde. Cela permettra la formation d'une cellule-œuf qui en se développant donnera l'enfant. En parallèle, l'organe qui permettra le développement de l'œuf dans le corps de la mère devient fonctionnel. C'est l'utérus, qui cycliquement, tous les 28 jours, se prépare à cet accueil de l'embryon. S'il n'y a pas de fécondation durant cette période, la paroi interne de l'utérus se « décolle » en partie, ce qui sera à l'origine des règles. Cette paroi se reforme ensuite afin de se préparer à nouveau à l'accueil de l'enfant et ainsi de suite, ceci cycliquement.

❷ Les changements de l'homme lors de la puberté

a) Les changements physiques : l'aspect extérieur du corps

Après avoir comparé le dessin de l'enfant et de l'homme, l'élève indique à l'aide de flèches les parties du corps qui subissent un changement et les décrit.

b) Les changements à l'intérieur du corps

Par une discussion en classe, des recherches en classe ou à la maison, les élèves doivent trouver les changements qui interviennent dans le corps de l'homme à la puberté. Le changement important est la possibilité d'avoir des enfants. Pour cela, l'homme acquiert la possibilité de fabriquer la cellule sexuelle mâle, le spermatozoïde, qui fécondera l'ovule. Cela permettra la formation d'une cellule-œuf qui en se développant donnera l'enfant. On observe aussi une modification de la voix qui devient beaucoup plus grave, c'est la mue de la voix.

PARTIE 3
LES OBJETS TECHNIQUES AU CŒUR DE LA SOCIÉTÉ

Description du fonctionnement et de la constitution d'objets techniques

Fiches 31a et 31b
L'évolution des objets : l'aspirateur

Objectif

Relever les évolutions d'un objet dans le temps.

Matériel

Lorsque cela est possible, différents types d'aspirateurs.

Déroulement

Les différents modèles d'aspirateur sont observés par les enfants.

❶ Aucune indication n'est donnée. Ils doivent faire une classification dans le temps des différents modèles présentés en les plaçant correctement sur la frise de la fiche. Leur classement se fera à partir de l'observation des appareils et donc de leur modernité.

Les dates proposées en corrigé ne correspondent pas forcément à leur date d'invention mais à celle où leur commercialisation devient importante.

Le corrigé est donné sans justification car le verso de la fiche va permettre de montrer les innovations technologiques qui sont apparues au fur et à mesure.

❷ Le verso de la fiche est distribué après que le recto ait été corrigé.

En observant chaque appareil, les enfants précisent quelle est la principale innovation qui le caractérise.

Le point de départ pour la comparaison est l'aspirateur de 1910 qui est le premier appareil autonome permettant une aspiration de la poussière. Il est très gros, lourd et donc très peu maniable. L'aspirateur balai peut être considéré comme le premier vrai aspirateur ménager. Il est plus léger, maniable et est facilement utilisable dans les foyers. Toutefois, il est bruyant, le sac est peu facile à vider et à l'usage s'avère lourd à manier.

L'aspirateur traineau enlève la pénibilité liée au poids, son câble électrique est muni d'un enrouleur automatique et les sacs stockant la poussière sont jetables. Son principal problème est qu'il perd de la puissance au fur et à mesure que le sac se remplit.

L'aspirateur sans sac permet de faire des économies sur l'achat des sacs, mais surtout il n'a aucune perte de puissance suite au stockage de la poussière.

Un robot aspirateur est un aspirateur robotisé, sans fil, c'est-à-dire capable de réaliser le travail d'un aspirateur de manière autonome sans intervention d'un être humain. Le stockage de la poussière est limité, il doit donc être vidé régulièrement.

L'aspirateur balai sans fil est léger, sans sac donc sans perte de puissance et permet une autonomie totale car il n'y a plus la contrainte du câble électrique et de son branchement.

Fiches 32a et 32b
Le fonctionnement d'un objet technique : la lampe de poche

Objectif

Comprendre le fonctionnement d'un objet technique, ici la lampe de poche, en l'observant et en le démontant. Mettre en évidence les éléments principaux et préciser leur rôle.

Matériel

Pour la fabrication de la « lampe de promenade » : une ampoule, une pile plate de 4,5V, 3 câbles électriques avec pinces crocodile, une ampoule et une douille ; une lampe de poche classique par groupe de deux élèves.

Déroulement

Entamer une discussion sur ce qu'est une lampe et comment elle fonctionne.

« Une lampe permet d'éclairer en produisant de la lumière au niveau de son ampoule. L'énergie nécessaire à la production de lumière est produite par le courant électrique. Pour l'allumer et l'éteindre on utilise un interrupteur. »

Avant de présenter la lampe de poche, les enfants découvrent la problématique du ❶ et y répondent : « Si je veux fabriquer un objet me permettant de m'éclairer la nuit lors d'une promenade, quels sont les éléments qui vont m'être nécessaires ? »

Les principaux problèmes rencontrés vont être ceux de l'autonomie au niveau de l'approvisionnement en courant électrique, de la production d'une intensité lumineuse suffisante, la portabilité de l'appareil sans que les différents éléments se séparent et sa facilité d'utilisation pour éclairer son chemin.

❶ Les éléments nécessaires sont proposés aux enfants et ils construisent alors leur « lampe de promenade ».

Vous pouvez distribuer ou projeter le dessin ci-après afin de faciliter le montage qui a normalement été étudié au cycle 2.

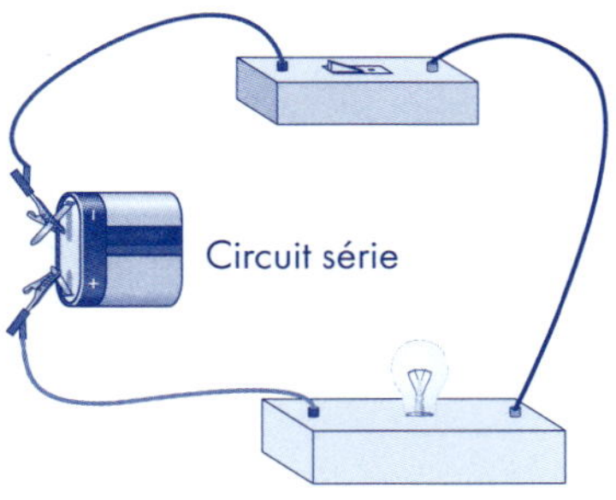

❷ À l'oral, les enfants proposent des solutions puis la lampe de poche leur est présentée et distribuée.

❸ Ils en observent les différentes parties et les légendent sur le schéma de la fiche.

❹ Dans un deuxième temps, ils la démontent afin d'isoler les différents éléments. Ils retrouvent leur rôle respectif et dessinent chaque partie dans la case « solution technique » qui lui correspond.

En conclusion, ils résument les solutions techniques trouvées pour enlever toutes les contraintes rencontrées.

Fiches 33a et 33b
À chacun son moule à tarte !

Objectif

Identification de quelques familles de matériaux par l'étude d'un objet du quotidien.

MATÉRIEL

Si possible, par groupe de 2-3 élèves, un exemplaire des 3 types de moules : céramique, métal antiadhésif, silicone alimentaire.

DÉROULEMENT

Le ❶ est réalisé afin de mettre en évidence les contraintes imposées par chacun de nos cuisiniers.

❷ Les enfants lisent les caractéristiques de chacun des matériaux, puis les 3 types de moule à tarte sont distribués et observés. Ils doivent trouver dans quel matériau chacun est réalisé. L'enseignant passe dans les différents groupes pour vérification.

Ils doivent découvrir ensuite les deux points communs aux moules (résistance aux fortes températures et étanchéité) et complètent la fiche.

Dans un second temps, ils indiquent à l'aide d'une étiquette à quel cuisinier ils vont attribuer chacun des moules. La fin du ❶ est complétée.

CONCLUSION

Faire la synthèse des qualités de tous les matériaux présentés pour décrire le moule idéal.

Fiches 34a et 34b
Le ventilateur à pile

OBJECTIF

Observer un objet technique, comprendre son fonctionnement afin d'identifier et de découvrir le rôle de chacun de ses constituants.

MATÉRIEL

Un ventilateur à pile, si possible en plastique transparent pour observer l'intérieur.

DÉROULEMENT

À défaut de matériel, vous pouvez projeter une photographie d'un ventilateur de ce genre.

❶ Les élèves essayent seuls de trouver le vocabulaire lié à l'objet, seuls dans un premier temps puis collectivement, en concertation avec la classe.

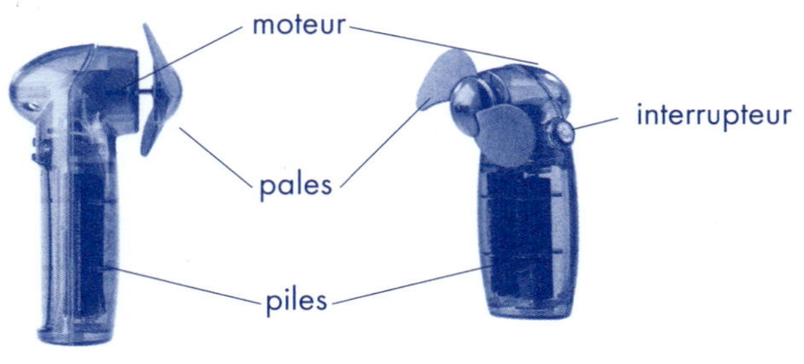

❷

Eléments	Pales	Moteur	Pile	Interrupteur	Liaison électrique
Rôle	Déplacent l'air	Fait tourner les pales	Fournit l'énergie	Allume et éteint le ventilateur	Permet de faire circuler l'électricité dans le circuit

❸ Les élèves réalisent un croquis des différents constituants du ventilateur afin de bien les identifier et comprendre comment ils sont organisés les uns par rapport aux autres. Cela permettra dans un second temps de réaliser le schéma de fonctionnement du ventilateur en 4.

❹ La réalisation du schéma électrique du ventilateur permet aussi de réinvestir les notions abordées dans la fiche 14.

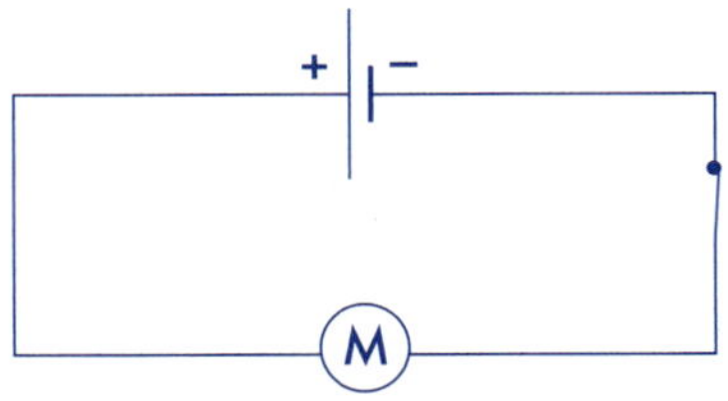

Fiches 35a et 35b
Fabriquer une fusée

OBJECTIF

Travailler en équipe pour construire une maquette.

MATÉRIEL

Une bouteille en plastique (1,5 L), 4 brochettes en bois, du papier cartonné, du scotch, une règle graduée, des ciseaux, du papier toilette, de la ficelle fine, un bouchon en liège adapté au diamètre de l'orifice de la bouteille, du scotch d'électricien, du vinaigre, du bicarbonate de sodium (disponible en grande surface), une cuillère à café, un verre doseur, un verre en plastique.

DÉROULEMENT

Faire découvrir aux élèves la fusée à fabriquer : en leur montrant un exemplaire fabriqué par vos soins, ou par l'observation du dessin de la fiche.

❶ Expliquer qu'elle sera construite en deux étapes, la structure de la fusée elle-même puis la partie qui lui fournira l'énergie nécessaire à son décollage. Montrer ensuite la nécessité d'outils pour la réalisation technique. Leur faire lister dans chaque cadre le matériel. S'ils en oublient, ne pas leur dire car ils le découvriront au fur et à mesure et compléteront les listes.

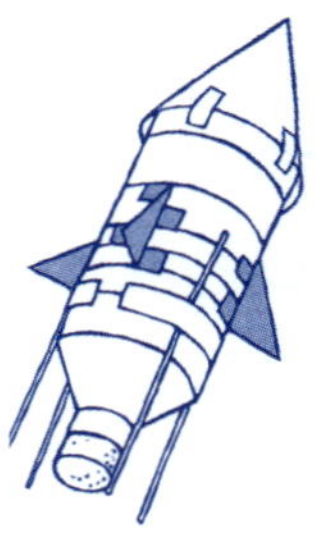

❷ Pour sa construction, les élèves suivent le protocole de la fiche. Pour les ailerons, les guider pour les différentes étapes de leur réalisation. Il faut 4 ailerons, comme celui illustré ci-après, donc l'étape d) sera à répéter une fois.

Vérifier que toutes les fusées soient bien stables (toutes les brochettes doivent être au même niveau).

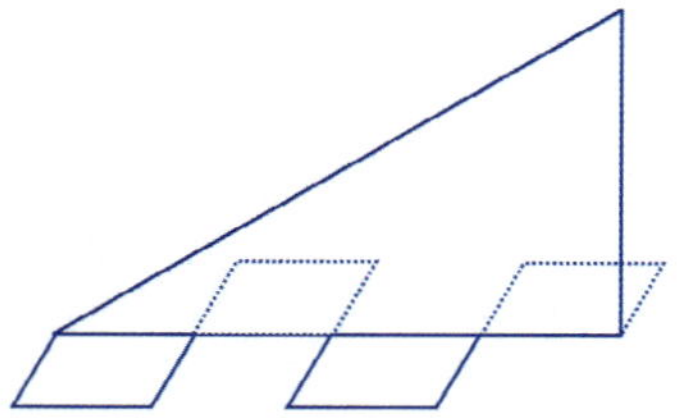

❸ La préparation du boudin est délicate. Il faut bien faire « rouler » le bicarbonate dans le papier pour obtenir une répartition homogène et d'une forme cylindrique. Fermer ensuite les extrémités à l'aide de la ficelle, en veillant à conserver 10 cm de celle-ci d'un côté. Consolider le centre du boudin avec la ficelle en serrant bien mais sans forcer pour ne pas déchirer le papier.

❹ Vérifier que le bouchon en liège s'enfonce bien dans le goulot de la bouteille de manière étanche. Si ce n'est pas le cas, enrouler le bouchon avec du scotch d'électricien. Il jouera le rôle de joint.

En classe, verser le vinaigre puis réaliser les étapes suivantes dans la cour de l'école. Un élève porte la fusée, un autre le boudin et le bouchon. Lors du déplacement, veiller à garder la fusée la tête en bas.

Dans la cour, les élèves doivent se répartir sur un cercle d'environ 10 mètres de rayon. Le décollage se réalisera en son centre.

Un élève tient la bouteille à l'envers, l'autre y glisse délicatement le boudin sans toucher le vinaigre. Coincer la ficelle tenant le boudin à l'aide du bouchon en enfonçant ce dernier, afin de le suspendre dans la bouteille comme indiqué sur le schéma de la fiche.

Retourner la bouteille et la secouer 2 ou 3 fois puis s'éloigner rapidement en prenant bien garde de ne pas la faire tomber. Après quelques secondes, la fusée décollera.

❺ La réaction chimique entre le vinaigre et le bicarbonate de sodium produit un gaz, le dioxyde de carbone. En s'accumulant dans la bouteille, il va créer une forte pression qui fera sauter le bouchon. Cette pression, liée à l'accumulation du gaz dans la bouteille, sera subitement libérée et permettra le décollage de la fusée.

Fiches 36a et 36b
L'ouverture de portes automatiques

OBJECTIF

Comprendre ce qu'est une chaine d'information et d'action.

MATÉRIEL

Une vidéo ou une photographie de portes automatiques qui s'ouvrent suite à l'arrivée d'une personne.

DÉROULEMENT

❶ La première partie, à partir d'un exemple simple de la vie quotidienne, permet de comprendre le principe d'une chaine d'information et d'action.

Le son du réveil est perçu par l'oreille qui envoie cette information au cerveau via les nerfs. Le cerveau analyse l'information et crée une réponse qui sera véhiculée par les nerfs jusqu'aux muscles qui en se contractant vont créer la réponse : « Je me lève du lit ».

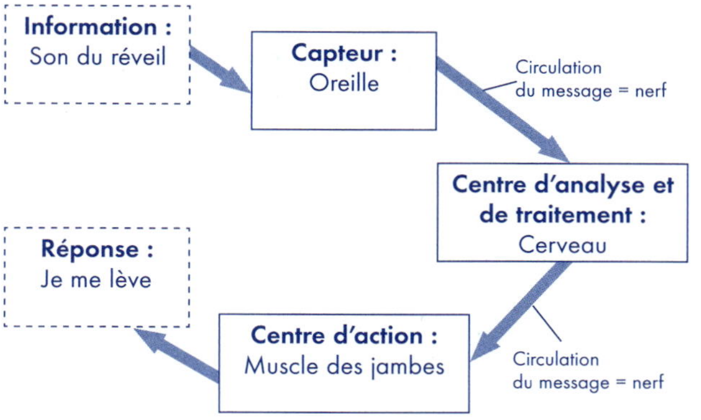

❷ Les objets programmables utilisent des chaines d'information et de contrôle. L'exemple des portes automatiques permet, à partir de l'analyse d'une situation, de construire le schéma de cette chaine.

a)

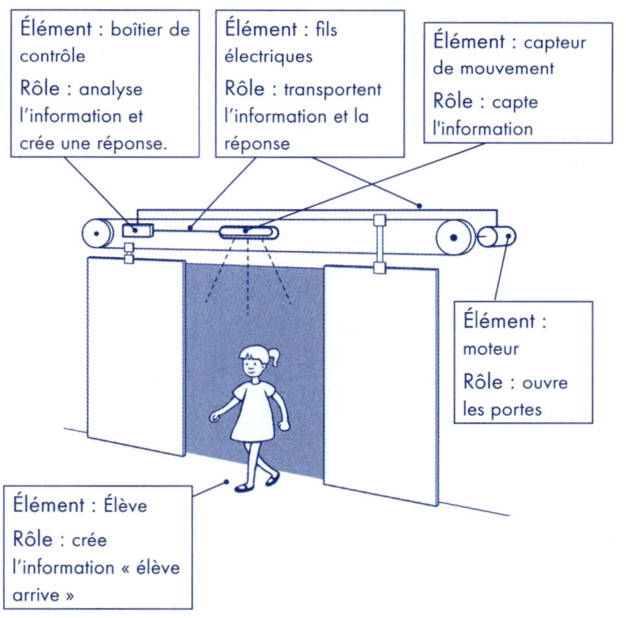

b)

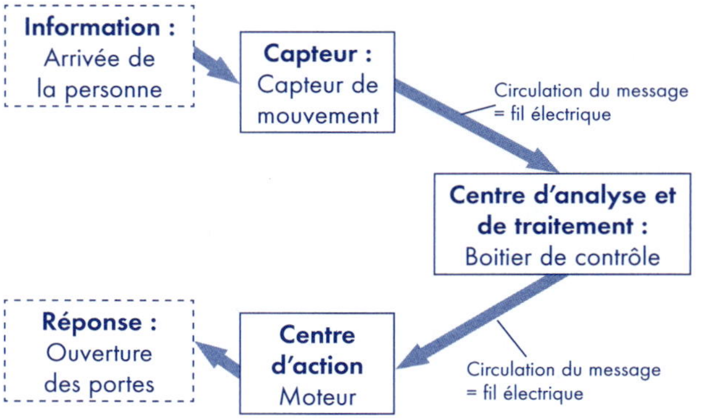

PARTIE 4
LA TERRE, UNE PLANÈTE PEUPLÉE PAR DES ÊTRES VIVANTS

La Terre, une planète singulière et active

Fiches 37a et 37b
Les deux types d'éruptions volcaniques

OBJECTIF

Mise en évidence de phénomènes géologiques traduisant l'activité interne de la Terre : le volcanisme.

MATÉRIEL

Deux tubes de médicaments ou de pellicule photo vides, du bicarbonate de soude, du vinaigre d'alcool ou de vin, des flocons de purée, de l'eau, une cuillère à café, une cuillère à soupe, un clou.

PRÉPARATION

Faire trois à quatre trous, à l'aide du clou, dans les couvercles des deux boites.

DÉROULEMENT

Dans la nature, il existe deux principaux types de volcans. Les volcans **effusifs**, dont la lave est fluide et s'écoule facilement. Ce sont les moins dangereux (exemple : le piton de la Fournaise à la Réunion). Les volcans **explosifs**, dont la lave est visqueuse et donc s'écoule difficilement. Ce sont les plus dangereux (exemple : la montagne Pelée à la Martinique).

La modélisation de ces deux types d'éruption va permettre de comprendre cette différence de dangerosité. L'élève va réaliser deux expériences :

– **Modélisation de l'éruption effusive** : mettre dans la boite une cuillère à soupe d'eau, y ajouter une cuillère à café de bicarbonate de soude. Compléter jusqu'à 3-4 millimètres du col avec le vinaigre.

Résultat : le liquide s'écoule facilement, sans réelles projections tout comme la lave issue des volcans **effusifs**.

Réaliser la même expérience en mettant le couvercle troué. La lave liquide s'écoule facilement par les trous. Au bout d'un certain temps le couvercle risque de sauter car les gaz libérés s'accumulent dans le tube et après un certain temps la pression qu'ils exercent fait partir le couvercle.

– Modélisation de l'éruption explosive : mettre dans la boite une cuillère à soupe d'eau, y ajouter une cuillère à café de bicarbonate de soude et une demi-cuillère de flocons de purée. Compléter jusqu'à 3-4 millimètres du col avec le vinaigre.

Résultat : la pâte s'écoule difficilement. On peut observer, en fonction des proportions utilisées, quelques projections. Si on met dans un deuxième temps le couvercle, on constate que l'écoulement se fait très difficilement et que le bouchon saute très rapidement. En effet, la viscosité de la « purée » empêche l'évacuation rapide des gaz libérés, d'où l'« explosion ».

Dans les volcans explosifs, le même phénomène se déroule. La lave très visqueuse rend difficile l'évacuation des gaz qui, en s'accumulant, déclenchent une explosion.

Le type d'éruption dépend donc de la nature de la lave, fluide ou visqueuse, mais aussi de la teneur en gaz du magma. Il est possible d'augmenter cette teneur en augmentant les proportions de bicarbonate et de vinaigre. L'élève associe ensuite chaque expérience réalisée à l'un des deux types de volcan. Il dégage ensuite grâce aux schémas fournis et aux expériences les caractéristiques générales des deux types d'éruptions.

Fiches 38a et 38b
Les tsunamis

OBJECTIF

Comprendre, à l'aide de vidéos et d'expériences, l'origine de la vague d'un tsunami et le mécanisme de son arrivée sur les côtes.

MATÉRIEL

– Des vidéos de tsunami (ex. : https://www.lumni.fr/video/c-est-quoi-un-tsunami).

– Un grand aquarium rectangulaire (au minimum 30 cm de long) en verre ou en plastique transparent, à défaut un grand plat en verre rectangulaire à bords assez hauts ; des pierres, des galets, du gravier et du sable qui permettront de fabriquer une plage ; de l'eau ; une planche en bois un peu moins large que l'aquarium et d'environ 7 à 8 cm de haut ; une cuvette en plastique.

DÉROULEMENT

❶ Rechercher sur Internet une ou des vidéos de tsunami où l'on peut observer les deux temps d'un tsunami :

– Premier temps : la mer se retire (il en existe où l'on peut voir tous les bateaux d'un petit port de pêche qui se retrouvent en cale sèche suite au retrait de l'eau).

– Deuxième temps : la vague arrive.

À partir de cette observation, les élèves définissent ce qu'est un tsunami et précisent que le signe avant-coureur de ce phénomène est le retrait de la mer. Ils complètent ensuite les dessins 2 et 3. Sur le 2, ils dessinent un niveau de la mer plus bas que sur le 1 et, sur le 3, ils dessinent une grosse vague arrivant sur la côte.

❷ Cette partie va permettre de comprendre comment se crée un tsunami. Une conversation avec les élèves sur l'origine de cette vague est engagée. Elle peut être suivie d'une recherche chez soi ou en bibliothèque et sur Internet. L'origine d'un tsunami est un séisme qui se déclenche en profondeur sous les océans. Suite aux mouvements des plaques tectoniques, des couches de roches vont se chevaucher, ce qui va déclencher la création d'ondes sismiques qui, en arrivant à la surface, vont former les vagues à l'origine d'un tsunami. Une expérience simple permet de montrer la création de ces ondes en surface. On remplit une cuvette en plastique d'eau et un choc est donné au fond de la cuvette. Ce choc crée des ondes qui, en arrivant à la surface, créent des mini-vagues. Elles se propagent dans la cuvette. Les enfants réalisent cette expérience et dessinent ce qu'ils observent. Ils en concluent que c'est un séisme qui, dans la nature, crée au fond des océans ce choc à l'origine d'un tsunami. Les enfants émettent une hypothèse sur l'origine de ce séisme. En dessous, l'enseignant, suite à une discussion donne la correction : « Suite aux mouvements des plaques au fond des océans, des roches peuvent se déplacer et déclencher un séisme. Celui-ci, en arrivant à la surface de l'eau, forme une vague à l'origine d'un tsunami. »

❸ Pour expliquer les deux étapes de l'arrivée d'un tsunami au niveau des côtes et, notamment, dans un premier temps, le retrait de l'eau, les enfants réalisent le montage décrit dans la fiche. Ils réalisent l'expérience en maintenant bien la tranche de la planche au fond du récipient. Puis ils la soulèvent. Ceci déclenche une vague qui se propage. Le mieux est de faire l'expérience à deux. Elle est réalisée trois fois. Dans un premier temps, au moment où un élève soulève la planche, l'autre observe sur le côté l'arrivée de la vague qui déclenche le tsunami. Ils constatent les dégâts ainsi provoqués. L'expérience est réalisée une deuxième fois et une attention particulière est demandée au moment précédant l'arrivée de la vague. Faire relever, sur la paroi et au marqueur effaçable, le niveau de la mer qui descend. Cela correspond dans la réalité au retrait de la mer précédant l'arrivée du tsunami. Attention ! dans la réalité l'onde étant beaucoup plus longue, ce retrait précède de quelques minutes l'arrivée de la vague. Lors de la troisième expérience, le niveau maximal de montée du niveau de l'eau est relevé au feutre, cela correspond à l'arrivée de la vague. Les deux dessins de la fiche sont complétés ainsi que les deux titres : « Retrait de la mer » et « Arrivée du tsunami ».

Conclusion

Un séisme au fond de l'océan est à l'origine d'un tsunami. Ce séisme crée une vague à la surface de l'eau qui recouvrira les côtes. Un des signes avant-coureurs est le retrait de la mer.

Fiches 39a et 39b
Évaluer l'intensité d'un séisme

Objectif

Mettre en évidence les deux facteurs qui interviennent dans la destruction des habitations suite à un séisme : l'intensité du séisme et la distance qui sépare le lieu du séisme des habitations.

Matériel

Un jeu de cartes en bon état pour que les cartes, assemblées par paires, se tiennent correctement.

Déroulement

La manière dont les cartes tombent dépend fortement du revêtement et de l'endroit sur lequel elles sont posées (sol, table, élasticité, façon dont les cartes « accrochent » sur le support...). Avant la séance, il faut donc tester la manière dont les cartes tombent en fonction des chocs et déterminer ainsi un espacement à reporter sur la fiche avant de la photocopier. Les enfants disposent les cartes sur le sol ou sur une table, et frappent à côté de la rangée de cartes.

❶ Les enfants constatent que plus le coup est fort, plus le nombre de cartes qui tombent est important.

❷ Les enfants constatent que plus le coup est éloigné, plus le nombre de cartes qui tombent est faible.

Fiches 40a et 40b
Les constructions parasismiques

Objectif

Découvrir quelles sont les constructions les plus efficaces pour résister à un séisme.

Matériel

Piques (brochettes) en bois, pâte à modeler, sable, grand plat en verre type Pyrex, briques en plastique type Lego, allumettes.

Déroulement

❶ La première expérience va permettre de mettre en évidence que la solidité d'un bâtiment face au séisme dépend de sa hauteur. Remplir de sable le plat en verre, y planter une pique en bois à l'extrémité de laquelle vous plantez une boule de pâte à modeler de la taille d'une noisette. Faire la même chose avec une moitié de pique, puis un quart de pique. Veillez à ce que chaque pique soit enfoncée à la même profondeur. La noisette de pâte à modeler déplace le centre de gravité vers le haut de la pique qui simule une construction. Ceci la fragilise et rend donc l'équilibre plus fragile et précaire (dès les faibles secousses, la grande pique va ainsi tomber). Taper avec le poing sur la table afin de déclencher un séisme. On constate que la grande pique et parfois la moyenne tombent. Si rien ne tombe suite au choc, c'est que le séisme n'est pas assez puissant. Il suffit alors de tenir le plat et de lui appliquer manuellement des oscillations plus ou moins rapides, ce qui imitera les ondes sismiques.

❷ Faire un barreau de pâte à modeler d'environ 10 cm de hauteur. Faire un autre barreau de même section et de même hauteur mais avec des briques en plastique. On aura ainsi deux constructions différentes : une en matériau peu rigide (la pâte à modeler) et une rigide (les briques). Poser ces « constructions » dans le plat contenant le sable. Déclencher une activité sismique. On constate que la construction peu rigide s'effondre alors que la rigide reste en place.

❸ Faire un barreau de pâte à modeler d'environ 10 cm de hauteur et un autre de même section et de même hauteur, mais avec trois allumettes plantées dans chaque angle. Un troisième barreau est réalisé avec des demi-allumettes. Ces allumettes serviront d'ancrage, de fondation à ces constructions. Poser ces « constructions » dans le plat contenant le sable. Déclencher une activité sismique. On constate que la construction qui est le mieux ancrée dans le sable reste en place, alors que celle ne possédant pas de fondations s'effondre.

Conclusion

La résistance d'une construction à un séisme dépend en général de sa hauteur, des matériaux utilisés pour la construction et de son ancrage dans le sol. La maison idéale est donc basse, construite en matériaux rigides et possédant des fondations profondes.

Pour aller plus loin

Préciser la mise en œuvre, notamment décrire l'expérience (pour mieux comprendre le dessin). Ici, les piques ont toutes les deux la même taille mais une seule a de la pâte à modeler à son extrémité qui représente la piscine. C'est cette dernière qui va chuter lors de la secousse. En déplaçant le centre de gravité, la piscine fragilise l'immeuble.

Conclusion : Il faut éviter de construire une piscine en haut d'un immeuble, car cela déplace le centre de gravité vers le haut. Ainsi, les oscillations suite à un séisme sont plus importantes, ce qui risque de provoquer la destruction de l'immeuble.

Écosystème : structure, fonctionnement et dynamique

Fiches 41a et 41b
Les conditions de vie du cloporte

Objectif

À partir d'expériences, déterminer les conditions de vie idéales d'un animal, ici le cloporte.

Matériel

Des cloportes (vous les trouverez sous des pierres ou des écorces d'arbre en décomposition, ou tout autre lieu obscur et humide) ; des cuvettes plates et rectangulaires (type dessous de bac à géranium) qui permettront une meilleure réalisation des expériences et une observation plus facile des résultats ; des boites en carton (boite à chaussures) pour faire l'obscurité.

Déroulement

❶ Pour les expériences, l'enseignant guide les enfants en leur expliquant que, pour chacune d'elles, on teste la présence, l'absence (ex. : la lumière et l'obscurité) ou la valeur (ex. : la température) d'un facteur. Il faut leur laisser trouver, pour chaque expérience, la nature de l'élément testé.

❷ Au départ, répartir les cloportes sur toute la surface de la cuvette pour qu'il y ait observation de déplacements. Nous proposons que chaque groupe de deux ou trois enfants réalise d'abord une seule expérience, puis se déplace dans la classe pour observer les résultats de leurs camarades.

Pour l'expérience n° 1, laisser un petit espace (à l'aide de deux ou trois Lego par exemple) entre la caisse en carton et la terre, pour que les cloportes puissent passer.

Pour l'expérience n° 2, faire sécher au préalable de la terre sur un radiateur. Pour la terre humide, faire attention de ne pas la rendre boueuse.

Pour l'expérience n° 3, placer la cuvette à cheval sur une source de chaleur (un radiateur) et le milieu ambiant.

Fiches 42a et 42b
La croissance du phasme

Objectifs

– Faire un élevage de phasmes.

– Mesurer leur taille pour réaliser leur courbe de croissance.

Matériel

Un élevage de phasmes, du papier millimétré.

Préparation

Il est possible de se procurer des phasmes auprès d'un établissement scolaire qui possède déjà un élevage ou de les acheter dans des élevages spécialisés (ex. : https://linsecterie.com)

Le phasme s'élève très facilement et demande peu d'entretien.

Préparer l'élevage environ 3 mois avant la séance pour obtenir des œufs. Utiliser, si possible, une boite vitrée (de type aquarium) recouverte d'un grillage ou d'un voile. Placer dans le fond du vivarium un coton humide dans une coupelle. Les phasmes se nourrissent de lierre. Placer les feuilles dans un flacon d'eau pour qu'elles ne se dessèchent pas.

Déroulement

Commencer la fiche en début d'année pour obtenir des courbes étalées sur plusieurs mois. Répartir les phasmes qui viennent de naitre dans plusieurs petits élevages, pour éviter de les confondre lors des mesures.

❶ Toutes les semaines, poser le phasme sur du papier millimétré pour le mesurer.

Reporter le résultat dans le tableau. Lorsque le phasme est jeune, ne pas le prendre avec les doigts : le faire glisser à l'aide d'un pinceau sur la feuille de papier millimétré.

❷ Lorsque le tableau est rempli (une vingtaine de mesures au moins sont nécessaires), les enfants reportent leurs données sur le graphique. Pour eux, il est plus simple de reporter leurs mesures sous forme d'histogramme. Si le niveau de classe le permet, vous pouvez les reporter sous forme de points. À partir de ces points, leur faire comprendre que la croissance se fait par paliers et n'est pas continue.

Conclusion

Ce qui explique cette croissance discontinue, c'est le phénomène de la mue : à chaque mue, le phasme grandit de quelques millimètres (8 à 10 en moyenne). Il se débarrasse de son enveloppe trop petite, que les enfants trouvent sur le sol du vivarium.

Fiches 43a et 43b
Expérimenter pour identifier quelques besoins des végétaux

Objectifs

Démarche expérimentale : émettre des hypothèses, les vérifier par l'expérimentation, tirer une conclusion pour chaque expérience réalisée et faire une conclusion générale (sur les éléments nécessaires à la croissance d'une plante).

Matériel

Graines, pots.

Préparation

Faire semer par les enfants, une semaine avant l'expérience, des graines de radis (3 par pot) ou de blé (2 par pot) dans des pots de yaourt ou de petits-suisses, percés de 2 ou 3 trous au fond, remplis de terre (de jardin ou du terreau) ou de coton. Maintenir leur humidité sans toutefois les noyer.

Prévoir par groupe d'enfants : 2 pots avec de la terre et 1 pot avec du coton.

Déroulement

Les expériences se réalisent par groupes de deux ou trois.

❶ Il est possible d'engager une discussion avec les enfants, qui trouvent facilement que les plantes ont besoin d'eau et de terre, mais ont plus de difficultés pour la lumière. Les guider en les questionnant :

– Les plantes pousseraient-elles si la nuit était permanente ?

– Si tu oublies une plante dans une cave, que se passe-t-il ? (Elle devient toute jaune.)

– Sans feuilles, par exemple l'hiver, est-ce qu'un arbre pousse ? (Les feuilles servent à attraper la lumière.)

❷ Commencer par montrer le matériel aux enfants pour qu'ils essaient de voir comment réaliser les expériences. Dans un second temps, leur proposer de les schématiser. Les quatre expériences se déroulent sur 4 semaines. Ne pas oublier d'arroser régulièrement.

– Pour l'expérience sans eau : la plante meurt rapidement puisqu'elle est constituée à plus de 90 % d'eau.

– Pour l'expérience sans lumière : la plante va dans un premier temps jaunir, car sans lumière elle ne fabrique plus la chlorophylle qui est le pigment lui donnant sa couleur verte. Parallèlement, elle s'allonge beaucoup car elle « cherche la lumière ». Enfin, elle va mourir puisqu'elle ne capte plus la lumière nécessaire à sa nutrition.

– Pour l'expérience sans terre : il se peut qu'après 4 semaines, la plante soit toujours en bonne santé. En effet, la plante puisant dans la terre les sels minéraux qui lui sont nécessaires, les graines en ont de grandes réserves. La plante va donc survivre tant que ces réserves ne sont pas épuisées, ce qui peut être plus ou moins long.

Important : arroser le coton avec de l'eau déminéralisée (eau pour fer à repasser), car l'eau du robinet contient des sels minéraux.

Pour aller plus loin

En fonction de la vitesse à laquelle meurent les plantes, les enfants peuvent établir une hiérarchie des facteurs nécessaires à la plante :

1. l'eau ;

2. la lumière ;

3. la terre qui contient les sels minéraux indispensables à la vie de la plante.

Leur préciser toutefois qu'ils sont tous les trois indispensables et qu'une carence en l'un de ces éléments est fatale à la plante.

Fiches 44a et 44b
Le réseau alimentaire du jardin

Objectifs

– Observer le comportement d'animaux dans un jardin pour, dans un premier temps, construire des chaines alimentaires simples.

– Approfondir, dans un second temps, l'observation afin de construire le réseau alimentaire du jardin.

Matériel

Une branche recouverte de pucerons, une coccinelle, des fourmis, une loupe.

Déroulement

❶ Pour le début de la fiche, observer en classe des branches de végétaux colonisés par les pucerons (rosiers, seringas, sureaux, dahlias, capucines...) et sur lesquelles il reste des fourmis (l'observation des fourmis risque toutefois d'être délicate). Lorsqu'il y a beaucoup de pucerons sur une branche, du miellat, qui est un liquide très sucré fabriqué par les pucerons, se dépose. En touchant la branche, les enfants constatent alors qu'elle colle. Les fourmis touchent les pucerons, mais elles ne les mangent pas. Elles se nourrissent du miellat fabriqué par les pucerons et les « traient » en appuyant sur leur abdomen. En fonction du niveau de la classe, fournir ou non la liste du vocabulaire à utiliser pour réaliser le schéma et indiquer le premier élément de la chaine : la sève.

❷ La coccinelle est un prédateur des pucerons. Certains jardiniers l'utilisent comme « insecticide naturel » pour éliminer les pucerons.

❸ Pour cette question, il est possible de réaliser de nombreuses petites expériences :

– Prendre une araignée et la mettre sur une tige pour voir si elle va manger des pucerons ou des fourmis (utiliser différentes espèces d'araignées trouvées dans le jardin).

– Se cacher pour observer si les oiseaux mangent des pucerons, des fourmis ou des coccinelles (le rougegorge est insectivore, le pivert mange des fourmis, les araignées mangent des insectes). Les enfants peuvent faire cette observation dans leur jardin ou dans un parc public.

– Les oiseaux de petite taille, comme le rougegorge, peuvent être mangés par un chat.

– Observer les mouches se poser sur les tiges pour manger du miellat.

Pour aller plus loin

L'exercice est transposé dans un autre milieu. Le réseau alimentaire de la savane, ici, voit se détacher 3 catégories : les végétaux (herbe), les végétariens (antilope et buffle) et les carnivores (lion, guépard et vautour).

Fiches 45a et 45b
Les conséquences du déboisement

Objectif

Montrer, à partir de modèles expérimentaux, les conséquences d'un déboisement trop intensif de certaines régions, notamment les forêts tropicales et équatoriales.

Matériel

Un mini-modèle de forêt préparé un mois à l'avance, une demi-bouteille en plastique, du sable, de la terre de jardin, une petite cuvette, une bouteille d'eau.

Préparation

Environ 3 semaines avant la séance, faire préparer, par groupes de deux élèves, le modèle qui sera comparé à une forêt tropicale (voir fiche 45b). L'autre modèle, qui ne possède pas de plantation, représente la forêt déboisée.

Déroulement

❶ Ne pas faire couler trop fortement l'eau, qui fait office de « pluie tropicale ». On constate qu'elle reste relativement claire : peu de particules de terre et de sable sont entrainées dans la cuvette. La surface du sol n'est pas abimée.

❷ Pour le modèle de forêt déboisée, on constate que l'eau récoltée est trouble : de la terre et du sable ont été entrainés dans la cuvette. À certains endroits, la terre a été totalement entrainée ; la surface du sol est très abimée.

Conclusion

Après l'expérience 2, le sol est très lessivé, alors qu'après l'expérience 1 il est quasiment intact.

Dans l'expérience 1, c'est la présence des plantes qui empêche le lessivage. Le rôle des racines est en effet essentiel : elles stabilisent la terre.

Dans l'expérience 2, la terre n'est pas maintenue par les plantes et est entrainée par l'eau. Si on détruit les forêts, les sols sont lessivés par les pluies tropicales et la faible couche de sol fertile disparait. Les arbres ne peuvent plus se développer sur ces sols.

Fiches 46a et 46b
La ferme à lombrics

Objectif

Observer l'influence d'un animal sur le milieu où il vit.

Matériel

Faire amener par les enfants qui le peuvent des vers de terre dans un bocal rempli de terre.

Déroulement

❶ Voir protocole (fiche 46b).

❷ La terre et le sable vont être totalement mélangés. Des galeries sont visibles par transparence. On peut observer des tortillons de terre à la surface (ce sont les excréments des vers de terre : ils se nourrissent des molécules organiques contenues dans la terre, qu'ils rejettent ensuite). Les petits morceaux de feuilles se retrouvent enfouis dans le mélange de terre et de sable.

Fiches 47a et 47b
La dégradation des déchets dans le sol

Objectif

Mettre en relation deux types d'observations : le contenu animal d'un sol et la dégradation des déchets dans le sol.

Matériel

Un filet à oranges ou à pommes de terre, un carré de tulle de 50 cm de côté, de la ficelle fine, une balance de cuisine.

Déroulement

Commencer par étudier la rubrique « Pour t'aider » afin de constater qu'il existe dans le sol des animaux assez grands (comme les vers de terre) et une multitude de petits animaux invertébrés (comme des insectes, des acariens, des millepattes). Pour plus d'interaction, il est possible d'observer directement à la loupe un sol riche en humus (sol de forêt, par exemple).

❶ Faire trouver aux enfants pourquoi on utilise des filets qui ont des mailles différentes : dans le filet à grosses mailles, tous les animaux peuvent pénétrer ; dans le filet à petites mailles, seuls les petits animaux peuvent pénétrer ; les vers de terre sont trop gros. Bien peser les déchets puis les déposer dans les sacs et les enfouir dans le sol au mois de septembre. Les déterrer en avril.

❷ Après avoir déterré les sacs, peser les déchets restants dans chacun d'eux. À partir des résultats obtenus, les enfants calculent la quantité de déchets dégradés :

Quantité dégradée = quantité de déchets au départ – quantité de déchets restante.

Conclusion

La différence de déchets dégradés entre le sac A, où tous les animaux ont pu intervenir, et le sac B, où les vers de terre n'ont pu intervenir, correspond à la quantité dégradée par les vers. La quantité de déchets dégradés par les petits animaux correspond à la masse dégradée lors de l'expérience B. Ce sont les petits invertébrés qui dégradent le plus les déchets, mais ils sont représentés par un grand nombre d'espèces. On constate que, quantitativement, une seule espèce, le ver de terre, joue un rôle très important dans la dégradation des déchets enfouis dans le sol.

Pour aller plus loin

❶ Il est possible de réaliser cette expérience parallèlement à celles qui sont effectuées au recto de la fiche.

Nom : .... Date : ....

La matière sur la Terre

❶ Observe les objets qui te sont présentés.

a) Écris le nom de chaque objet dans la première colonne.

b) Précise, pour chaque objet, si la matière qui le constitue est d'origine naturelle ou artificielle, en mettant une croix dans la colonne correspondante.

c) Précise, pour chaque objet, s'il est formé de matière minérale ou organique, en mettant une croix dans la colonne correspondante.

Nom de l'objet	Type de matière qui le constitue		Origine de la matière qui le constitue	
	Naturelle	Artificielle	Minérale	Organique

Nom : .... Date : ....

❷ Relie chaque élément illustré à la matière qui le constitue.

Matière organique naturelle •

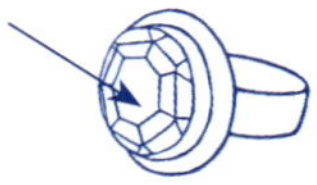

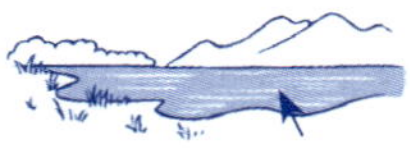

• Matière organique naturelle

Matière organique artificielle •

• Matière minérale naturelle

Matière minérale artificielle •

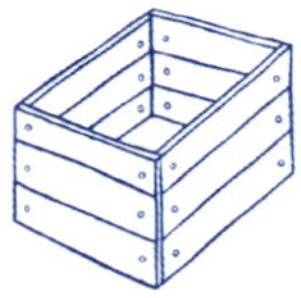

• Matière minérale artificielle

Matière minérale naturelle •

• Matière organique artificielle

❸ Retrouve la matière qui les constitue.

– une route : ....

....

....

– une coquille d'huitre : ....

....

....

Conclusion

Dans la nature il existe deux types de matériaux :
– les matériaux d'origine ...., non transformés ou fabriqués par l'humain. On les trouve dans la .... (un rocher, un arbre, une plume…).
– les matériaux ...., transformés, fabriqués à partir de la matière ....

Ces deux types de matériaux peuvent être soient :
– issus du vivant : fabriqués à partir de matière animale ou végétale, autrement dit la matière ....
– d'origine minérale : comme par exemple les roches, l'eau, l'air, autrement dit la matière ....

Nom : .... Date : ....

Les différents états de l'eau

1 Expérience n° 1

a) Dépose un glaçon dans le petit récipient.

b) Colle le thermomètre sur le glaçon et attends qu'il commence à fondre.

c) Mesure la température dans la zone de contact entre l'eau liquide et glacée :

Température = ...

L'eau passe de l'état solide à l'état liquide à ....

2 Expérience n°2

a) Mets de l'eau liquide dans un tube à essai.

b) Places-y le thermomètre.

c) Dépose ce tube dans de la glace pilée contenant du sel, comme présenté sur le dessin.

Que se passe-t-il ?

....

....

....

....

À quelle température ce changement a-t-il lieu ?

....

....

Conclusion

L'eau passe de l'état .... à ....,

à la température de ....

Nom : .... Date : ....

❸ Expérience n° 3

Lorsque de l'eau bout, les grosses bulles arrivant à la surface sont constituées essentiellement d'eau qui est passée de l'état liquide à l'état gazeux.

Le tableau représente les résultats observés par un élève lorsque l'on fait chauffer progressivement de l'eau.

Température	50 °C	70 °C	100 °C	110 °C
Aspect de l'eau dans la casserole	Pas de bulles dans l'eau	Quelques petites bulles dans l'eau	Nombreuses grosses bulles	Nombreuses grosses bulles

À quelle température l'eau passe-t-elle de l'état liquide à gazeux ?

....

....

Explique pourquoi tu as choisi cette valeur.

....

....

....

....

Conclusion

Les changements d'états de la matière portent chacun un nom particulier dont voici les définitions.

Fusion : passage de l'état solide à l'état liquide.
Vaporisation : passage de l'état liquide à l'état gazeux.
Liquéfaction : passage de l'état gazeux à l'état liquide.
Solidification : passage de l'état liquide à l'état solide.

À l'aide des définitions ci-dessus, relie chacune des expériences proposées au changement d'état qui lui correspond.

	• Fusion
Expérience n° 1 •	• Vaporisation
Expérience n° 2 •	• Liquéfaction
Expérience n° 3 •	• Solidification

Des différences entre solide, liquide et gaz

En étudiant différents matériaux sous différents états, tu vas découvrir que les états solide, liquide et gazeux n'ont pas les mêmes propriétés.

❶ Étude de la forme de la matière en fonction de son état

a) Observation de la forme d'un solide

Dessine les deux solides.

roche   glaçon

Entoure la bonne réponse.

Les solides *ont une forme propre.* / Les solides *n'ont pas de forme propre.*

b) Observation de la forme d'un liquide

Dessine l'eau liquide et l'huile dans chacun des deux récipients.

Récipient 1   Récipient 2

Entoure la bonne réponse.

Les liquides *ont une forme propre.* / Les liquides *n'ont pas de forme propre.*

c) Observation de la forme d'un gaz

Dessine la forme du ballon après l'avoir gonflé avec ton gaz expiré.

Dessine la forme du ballon sur la bouteille.

Entoure la bonne réponse.

Les gaz *ont une forme propre.* / Les gaz *n'ont pas de forme propre.*

POUR T'AIDER

Forme d'un matériau : lorsqu'un matériau ne peut pas changer de forme, on dit qu'il a sa forme propre. Dans le cas contraire, il n'a pas de forme propre.

Nom : .... Date : ....

❷ Étude du volume de la matière en fonction de son état

POUR T'AIDER

Volume d'un matériau : le volume correspond à l'espace qu'occupe un matériau. Si le volume d'un matériau ne peut pas changer, on dit qu'il a un volume propre, dans le cas contraire, il n'a pas de volume propre.

a) Expérience n° 1 : l'état solide

Est-il possible de modifier le volume de cette roche ?

....

Est-il possible de modifier le volume du glaçon ?

....

b) Expérience n° 2 : l'état liquide

Remplis ta seringue d'eau. Bouche-la avec ton doigt et appuie sur le piston.

Est-il possible de modifier le volume de l'eau enfermée dans la seringue ? ....

Le volume de l'eau liquide peut-il changer ? ....

Réalise la même expérience avec l'huile.

Les liquides ont-ils un volume propre ? ....

c) Expérience n° 3 : l'état gazeux

L'air est constitué de gaz.

Remplis ta seringue d'air.

Note sur la seringue le niveau du volume d'air qu'elle contient.

Bouche l'extrémité de la seringue avec ton doigt et appuie sur le piston.

Dessine le piston de la seringue et note le niveau de volume d'air qu'elle contient.

Est-il possible de modifier le volume d'air enfermé dans ta seringue ?

....

Le volume de l'air peut-il changer ? ....

CONCLUSION

Relie les différents états de la matière à leur définition.

État solide •	• Ni forme propre, ni volume propre.
État liquide •	• Volume propre et absence de forme propre.
État gazeux •	• Forme et volume propre.

Nom : .... Date : ....

Mesures et conversions de masses

1 Mesure de la masse de différents objets

Allume ta balance et pèse chacun des objets qui sont sur la table.
Complète le tableau en indiquant pour chacun leur masse en grammes.

Nom de l'objet					
Masse de l'objet (en grammes)					

2 Mesure de la masse de matériaux dans un récipient

a) Mesurer la masse d'une cuillère de sable

Tu vas mesurer la masse d'une cuillerée de sable. Afin d'éviter que le sable ne se disperse, verses-en une cuillère dans ton récipient et mesure sa masse en grammes.

La masse est de .... grammes.

As-tu vraiment mesuré la masse d'une cuillerée de sable ? ....

Pourquoi ? ....

....

Que dois-tu faire pour mesurer sa masse réelle ? ....

....

Calcule la masse réelle du sable contenu dans la cuillère : ....

....

b) Rôle du bouton « tare »

Dépose le récipient utilisé lors de l'expérience précédente sur la balance.
Appuie sur le bouton « tare ». Que se passe-t-il ? ....

....

....

Ajoute une cuillère de sable et note la masse en grammes : ....

Compare avec le résultat obtenu en **2a** : ....

Explique le rôle du bouton « tare » : ....

....

....

....

Nom : .... Date : ....

c) Utilisation du bouton « tare »

En utilisant le bouton « tare », **mesure, en grammes, la masse d'une cuillerée des différents produits qui te sont proposés et complète le tableau** :

Produit	Sable	Sucre en poudre	Farine	Semoule
Masse d'une cuillère du produit				

❸ Conversion des masses

Sur certaines balances, la masse mesurée peut être indiquée en différentes unités : en gramme ou en kilogramme, qui correspond à 1 000 grammes.
Mais il existe d'autres unités de masse.

INFOS !
1 tonne = 1 000 kilogrammes
1 quintal = 100 kilogrammes
1 kilogramme = 1 000 grammes
1 gramme = 1 000 milligrammes

Utilise le tableau de conversion ci-dessous pour donner :

– La masse d'une voiture de 2 tonnes en kilogrammes :

2 t = ... kg

– La masse d'un élève de 23 kilogrammes en grammes :

23 kg = ... g

– La masse d'une caisse de 3 quintaux kilogrammes :

3 q = ... kg

– La masse de ta cuillère de sable, que tu as mesuré en grammes, en milligrammes :

.... g = ... mg

t (tonne)	q (quintal)		kg (kilogramme)			g (gramme)			mg (milligramme)

Nom : .... Date : ....

Mesurer des volumes

1 Mesure du volume d'un liquide

a) Entoure les objets qui peuvent te permettre de mesurer le volume d'un liquide.

Explique pourquoi tu les as choisis :

....

....

Quel est celui que tu utiliserais pour mesurer un volume de 8 ml ?

....

Quel est celui que tu utiliserais pour mesurer un volume de 200 ml ?

....

b) Mesure le volume d'eau qui est contenu dans le verre avec le verre doseur.

Volume d'eau contenu dans le verre : .... ml

Quel est le volume maximum que peut contenir la seringue ? .... ml

Combien de fois devras-tu remplir la seringue pour enlever l'eau contenue dans le verre ? **Justifie ta réponse en écrivant le calcul.**

....

Vérifie ton résultat en réalisant l'expérience.

Nom : .... Date : ....

❷ Mesure du volume d'un solide

La seringue et le verre doseur ne permettent pas uniquement de mesurer directement le volume des liquides. Ils peuvent être aussi utilisés pour mesurer indirectement le volume d'un solide.

Le schéma ci-dessous t'explique comment faire. **Observe-le bien et écris la formule qui va te permettre de calculer le volume d'un solide :**

V_{solide} = ...

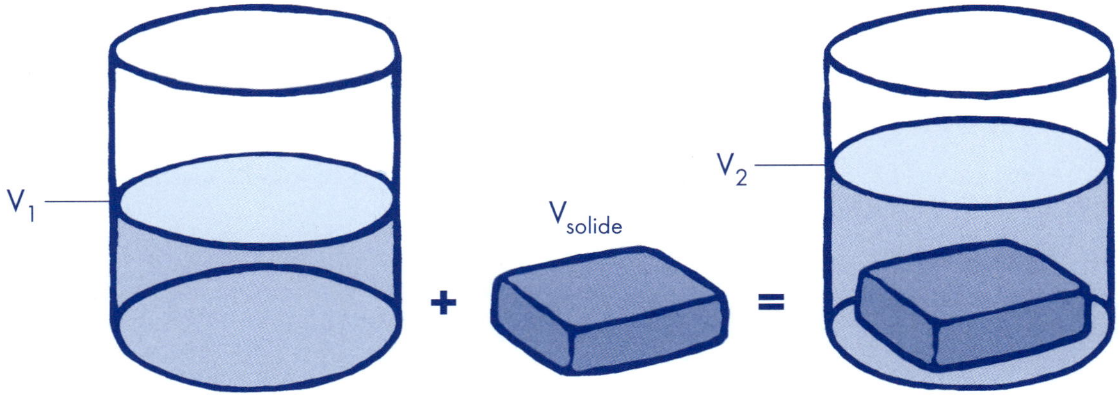

Application : Mesure le volume de .... billes en mettant au départ 50 ml d'eau dans ton récipient.

V_1 = ... V_2 = ...

Donc V_{billes} = ...

Pour aller plus loin

Mesure avec ton verre doseur 100 ml de sable. Verse-les dans un verre.
Mesure 100 ml d'eau avec le verre doseur.

Si tu ajoutes les 100 ml de sable dans le verre doseur, quel devrait être le volume total mesuré ? **Écris l'ensemble du calcul :**

....

Ajoute maintenant les 100 ml de sable au 100 ml d'eau.

Mesure et note le volume obtenu : ....

Que constates-tu ? ....

En observant le sable avec une loupe, peux-tu expliquer pourquoi ?

....

....

Nom : .... Date : ....

La séparation des mélanges

Cette fiche te présente différentes techniques de séparation des mélanges.
Chacune te permettra de séparer un de ces mélanges :
- eau et huile ;
- eau et sable ;
- eau et salade ;
- colorants bleu et jaune (qui donnent la couleur verte).

Trouve pour chaque mélange la technique à utiliser pour séparer ses composants, puis réalise l'expérience quand tu le peux.

a) Technique n° 1 : la décantation

Expérience : Laisse reposer un mélange dans un récipient ; les éléments les plus lourds tombent au fond.

Avec cette technique, je vais séparer :

....

Dessine ce que tu as observé.

Début de l'expérience (bien mélanger)   Résultat après 5 minutes

b) Technique n° 2 : la centrifugation

Expérience : Le mélange est placé dans un récipient que l'on met en rotation rapide. Les deux éléments qui ont des masses différentes sont ainsi séparés.

Avec cette technique, je vais séparer :

....

Quel ustensile utilise-t-on couramment en cuisine pour faire une centrifugation ?

....

Nom : .... Date : ....

c) Technique n° 3 : la filtration

Elle permet de séparer liquide et solide dans un mélange hétérogène en faisant passer ce mélange dans un filtre.

<u>Expérience :</u> Verse le mélange dans l'entonnoir couvert de papier filtre.

Dessine le résultat de l'expérience.

Avec cette technique, je vais séparer :

....

d) Technique n° 4 : la chromatographie

Elle permet de séparer différents colorants contenus dans un mélange homogène.

<u>Expérience :</u> Verse un centimètre d'eau dans ton verre. Découpe dans un filtre à café une bande de 4 cm de large et 11 cm de long. Dépose, bien au milieu, une tache de feutre vert à 2 cm de l'extrémité de la bande. Fais tremper cette extrémité dans l'eau sans que le papier ne touche ni les bords, ni le fond du verre. Fixe le papier en haut du verre à l'aide d'une pique en bois.

Dessine la tache verte au début de l'expérience, puis le résultat obtenu.

Avec cette technique, je vais séparer :

....

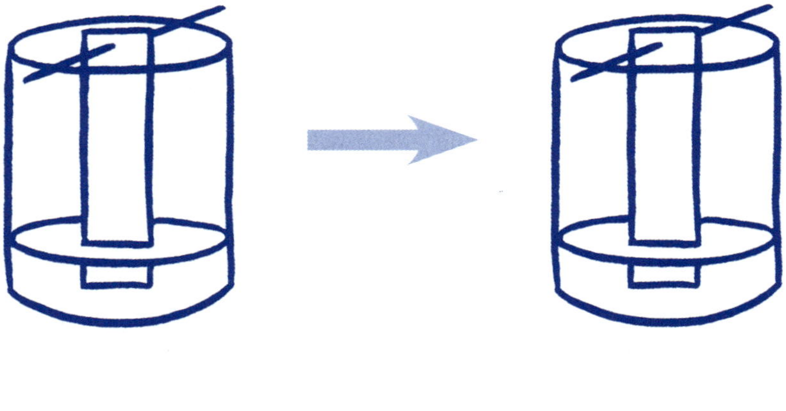

Début de l'expérience — Résultat obtenu

Conclusion

L'eau et la salade peuvent être séparés grâce à la ....

L'eau et l'huile peuvent être séparés grâce à la ....

L'eau et le sable peuvent être séparés grâce à la ....

Deux colorants peuvent être séparés grâce à la ....

Nom : .... Date : ....

Comment nettoyer une eau sale ?

- Recette pour faire une eau sale :
Prends un bocal, mets-y une poignée de terre, de l'eau.
Agite bien... c'est prêt !
- Recette pour nettoyer cette eau : voir ci-dessous.

❶ Laisse reposer ton mélange pendant 15 min.
Dessine ce que tu obtiens et légende en précisant les différentes particules (voir *Pour t'aider*, fiche 7b).

Dessin

Légendes :
....
....
....
....

Cette première étape s'appelle
la ....

❷ L'eau est encore sale. Tu vas la traiter à l'aide du matériel dessiné.
Imagine et dessine l'expérience de la deuxième étape, puis réalise-la.

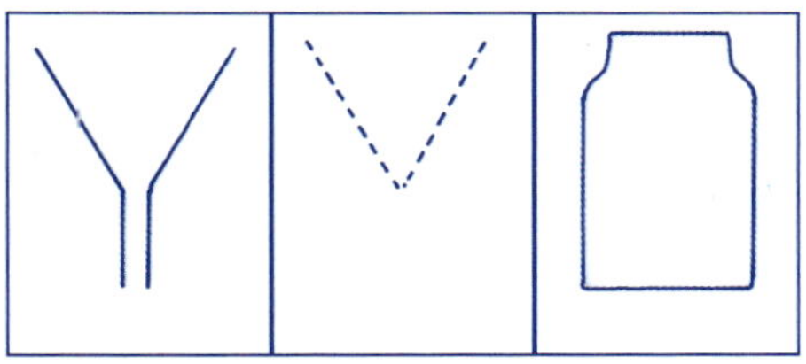

Cette deuxième étape s'appelle
la ....

Dessin

❸ Pour obtenir une eau encore plus claire, on utilise des produits chimiques.
Celui que tu utilises s'appelle l'eau de chaux.
Verses-en dans l'eau obtenue après la deuxième étape.

Qu'observes-tu ? ....

Conclusion

Pour nettoyer une eau sale, les trois étapes principales sont :

.... ; .... ; ....

Nom : .... Date : ....

Pour t'aider

Dans une eau boueuse, tu trouveras des particules de différentes tailles qui sont, des plus grosses aux plus petites :

– des cailloux et des graviers ;
– du sable ;
– de la boue ;
– des particules en suspension.

Décantation : afin de rendre une eau plus claire, on la laisse reposer (pas d'agitation). On observe en fin de décantation un « granoclassement » (classement des grains). Les éléments les plus lourds sont au fond et les plus légers en haut.

Filtration : elle permet d'enlever les particules les plus petites, qui vont être retenues par un **filtre**.

Traitement chimique : utilisation de certains produits qui permettent de rendre l'eau consommable.

Pour aller plus loin

Voici un schéma d'une centrale d'épuration de l'eau.
Retrouve les trois principales étapes du traitement de l'eau.
Pour cela, colorie :

– en rouge la zone où se déroule la décantation ;
– en vert la zone où se déroule la filtration ;
– en jaune la zone où se déroule le traitement chimique.

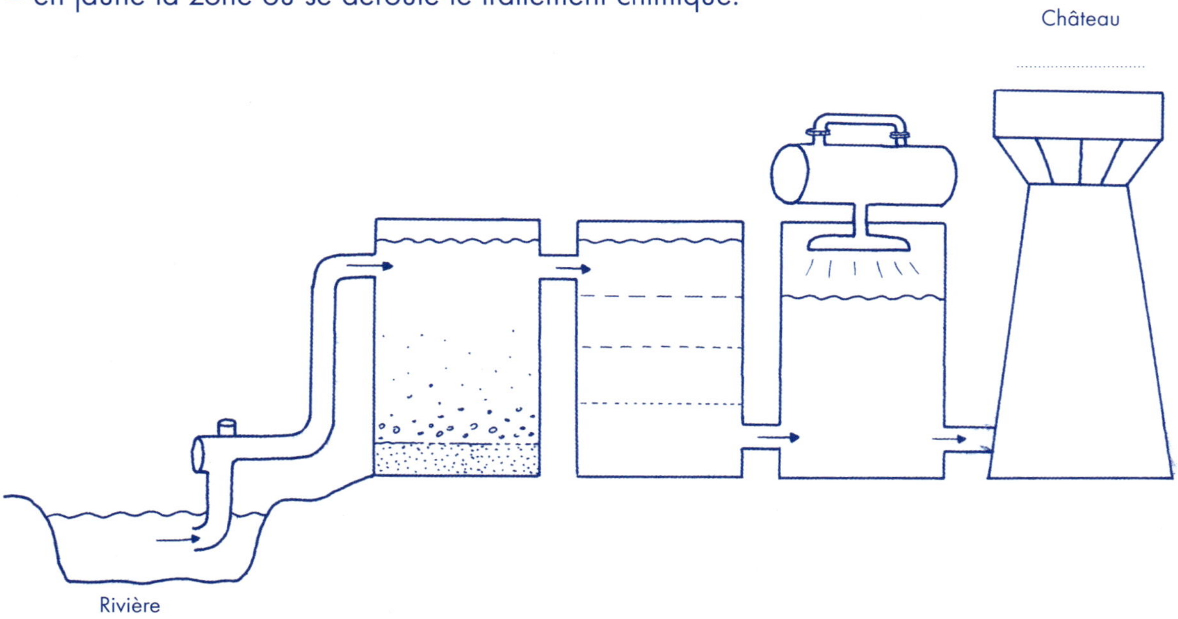

Une fois traitée, l'eau doit être stockée.
Colorie en bleu le lieu où se déroule cette étape.
Comment appelle-t-on ce lieu de stockage ? ....

Nom : .... Date : ....

Mélanges solide – liquide

❶ Que devient un solide dans un liquide ?

a) Verse une cuillère de sable dans un verre d'eau.
Dessine ton expérience au départ puis après 2 minutes d'agitation avec la petite cuillère.

Au départ → Après 2 min.

Que s'est-il passé ? ....

....

b) Verse une cuillère de sel dans un verre d'eau.
Dessine ton expérience au départ puis après 2 minutes d'agitation avec la petite cuillère.

Au départ → Après 2 min.

Que s'est-il passé ? ....

....

Lorsqu'on mélange un solide et un liquide, si les deux éléments sont encore visibles, on parle de mélange **hétérogène**.
Si on ne peut plus distinguer les deux éléments l'un de l'autre, on dit que le mélange est **homogène** car il y a eu **dissolution** du solide dans le liquide.

Complète le texte à trou afin d'expliquer les résultats observés.

a) Lorsque l'on mélange du sel et de l'eau, on obtient un mélange ....

b) Lorsque l'on mélange du sable et de l'eau, on obtient un mélange ....

c) C'est donc l'expérience avec l'eau et le .... qui est une dissolution.

Nom : .... Date : ....

❷ Que devient le sel dans l'eau ?

Voici deux hypothèses. **Entoure celle qui te semble correcte.**

A – Le sel est toujours présent dans l'eau mais on ne le voit plus.

B – Le sel n'est plus présent dans l'eau.

Pour vérifier ton hypothèse, réalise l'expérience suivante :

a) Pèse une cuillère à café de sel dans ton petit récipient.

Masse du sel : .... grammes

b) Pèse l'eau contenue dans ton verre.

Masse de l'eau : .... grammes

c) Selon toi, quelle va être la masse du mélange obtenu ?

Masse du mélange : .... grammes

d) Pour le vérifier, pèse ton mélange. Masse du mélange : ....

Entoure la bonne réponse :

La masse d'un mélange d'eau et de sel...

- correspond à la masse de l'eau car le sel disparait.
- correspond à l'addition de la masse de l'eau et du sel car leur masse totale se conserve.

Observe l'expérience suivante :

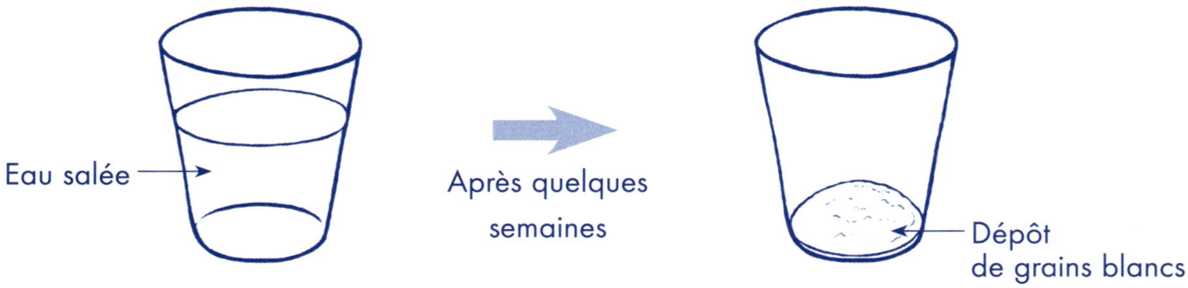

Que s'est-il passé après quelques semaines ? ....

Que représente le petit dépôt de grains blancs observé au fond du verre à la suite de l'évaporation de l'eau ? ....

Quelle devrait être sa masse ? (aide-toi de l'expérience ❷) :

.... grammes

Conclusion

Si on enlève le liquide d'un mélange .... par ....,
le solide, ici le ...., va se reformer.

Nom : .... Date : ....

Mouvements rectiligne et circulaire

❶ En mouvement ou non ?

.... et .... sont .... par rapport à moi.

.... est .... par rapport à ....

Le sac à dos de .... est .... par rapport à moi.

Le sac à dos de .... est .... par rapport à lui.

❷ Qui est en mouvement par rapport à qui ?

Après avoir lu le texte, dessine les personnages à l'intérieur ou à l'extérieur du train.

Dessine à l'aide d'une flèche le sens de déplacement de Pio.

La classe part en voyage scolaire dans un train qui quitte le quai. Pour s'amuser, Pio dérobe le chapeau de Malika, le met sur sa tête et s'enfuit vers l'arrière du train. Le professeur veut enquêter et cherche à savoir qui était où. Afin de reconstituer les faits, il interroge des personnes qui étaient dans le train ou sur le quai.

Louise : « Malika était immobile. »

La maman de Malika qui tenait son chien en laisse : « Malika et Louise se déplaçaient vers le sud. »

Le chien de Malika : « Ouaf ! »

Cynthia : « Je n'ai rien vu car j'étais en train de regarder le quai de la gare qui reculait. »

João : « Pio s'éloignait vers le nord et Cynthia ne bougeait pas. »

Tout cela parait bien compliqué mais aucun des témoins n'a menti.

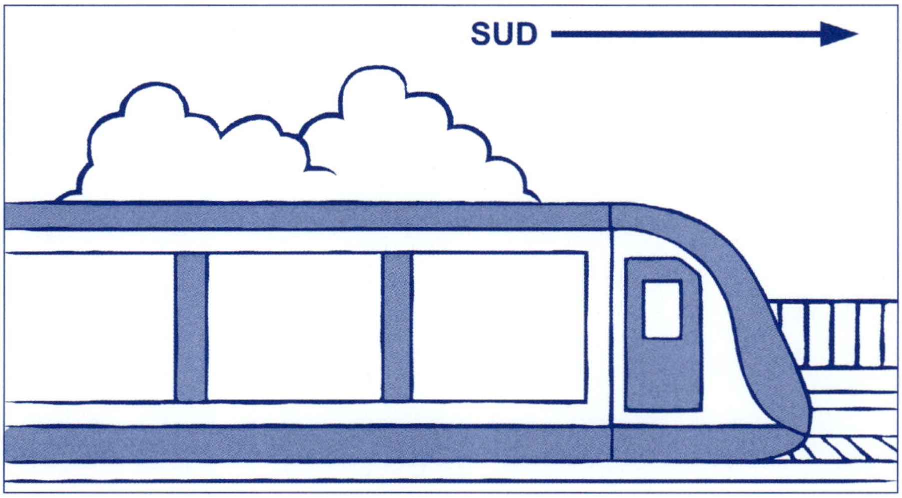

Quai de la gare

Nom : .... Date : ....

❸ Mouvements rectiligne et circulaire

a) Sur une table inclinée, lâche une bille.
Dessine la trajectoire de la bille.

Prends une balle et laisse-la tomber.
Dessine la trajectoire de la balle.

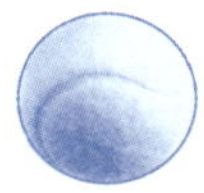

Les deux mouvements que tu as dessinés sont tous les deux des mouvements rectilignes.

Complète la définition :

Un mouvement est **rectiligne** lorsque sa trajectoire est ....

b) Fais tourner ta toupie et dessine la trajectoire du point qui est sur ta toupie.

Lance la bille en la faisant rouler sur le bord du récipient.
Dessine le récipient et la trajectoire de la bille à l'intérieur.

Les deux mouvements que tu as dessinés sont tous les deux des mouvements circulaires.

Complète la définition :

Un mouvement est **circulaire** lorsque sa trajectoire est ....

Nom : .... Date : ....

Quelle est ma vitesse ?

❶ Mesure en mètres :

– la distance d_1 que tu vas parcourir en 10 secondes en marchant ;
– la distance d_2 que tu vas parcourir en 10 secondes en courant.

Complète le tableau.

	Marche	Course
Distance parcourue	d_1 =	d_2 =
Temps	t_1 =	t_2 =

❷ En utilisant la partie *Pour t'aider* (fiche 10b), calcule ta vitesse en m/s :

En marchant : $V_1 = d_1 \div t_1 =$ .... ÷ ....

= .... m/s

En courant : $V_2 = d_2 \div t_2 =$ .... ÷ ....

= .... m/s

❸ En utilisant la partie *Pour t'aider*, calcule ta vitesse en km/h.

V_1 = ... = ... m/h

.... = ... km/h

V_2 = ... = ... m/h

.... = ... km/h

Nom : .... Date : ....

Pour t'aider

❶ Calculer une vitesse en mètres par seconde (m/s).

Une vitesse se définit en distance parcourue par unité de temps.

V = D ÷ T

avec V = vitesse ; D = distance ; T = temps.

Ici la distance est mesurée en mètres et le temps en secondes. Le calcul se fait donc en m/s.

Le temps étant mesuré sur 10 secondes, il suffira de diviser par 10 la distance parcourue pour obtenir des m/s.

V (en m/s) = D mesurée ÷ 10

❷ Calculer une vitesse en kilomètre par heure (km/h).

Il faut multiplier la distance mesurée par soixante (une minute = 60 secondes) puis à nouveau par 60 (une heure = 60 minutes) pour déterminer la distance en mètres parcourue en une heure (m/h).

V (en m/h) = (D × 60 × 60) ÷ T ou V(en m/h) = V (en m/s) × 60 × 60

On divise ensuite ce résultat par 1 000 pour l'avoir en kilomètres par heure (km/h) car un kilomètre est égal à 1 000 mètres.

V (en km/h) = V (m/h) ÷ 1 000

Pour aller plus loin

Une voiture rouge roule à 110 km/h. Une bleue à 35 m/s.
Quelle est la voiture la plus rapide ?

....

....

....

....

....

La voiture la plus rapide est la ....

Nom : .... Date : ....

Besoins et sources d'énergie

1 Retrouve quels sont les éléments de notre vie quotidienne qui nécessitent de l'énergie et quelle énergie est utilisée. Complète le tableau.

Éléments de la vie quotidienne				
Énergies utilisées				

2 L'électricité peut être fabriquée à partir de nombreuses sources d'énergie. Cites-en au moins cinq.

....

....

3 Pour chaque source d'énergie, recherche sa proportion d'utilisation en France sur Internet ou dans des encyclopédies, puis complète le tableau.

Source d'énergie	Pétrole	Charbon	Agro-carburant	Nucléaire	Hydrau-lique	Éolien	Bois	Soleil, géother-mie	Gaz	Pompe à chaleur
Proportion (pourcentage) d'utilisation en France			1,3							1,3

4 Réponds à ces questions à l'aide du tableau ci-dessus et de tes recherches.

Quelles sont les deux sources d'énergie les plus utilisées ?

Donne des exemples d'utilisation.

....

....

Que produit le nucléaire ? ....

Comment utilise-t-on le bois comme source d'énergie ?

....

Nom : ……………………………… Date : ………………………………

5 Certaines énergies sont renouvelables, d'autres sont non renouvelables.

- **Complète les définitions à l'aide de tes recherches.**

Énergie renouvelable : C'est une ……………………………… d'énergie qui est ……………………………… ou qui se renouvelle plus ……………………………… qu'elle n'est ………………………………. C'est le cas de ……………………………… et du ……………………………….

Énergie non renouvelable : C'est une ……………………………… d'énergie qui ne se ……………………………… pas ou pas assez pour être considérée comme inépuisable. C'est le cas du ……………………………… et de ……………………………….

- **Calcule la proportion d'énergie renouvelable utilisée en France.**

………………………………………………………………

Que peux-tu en conclure ? ………………………………

………………………………………………………………

- **Pour chaque source d'énergie, relie-la à la nature qui lui convient.**

charbon

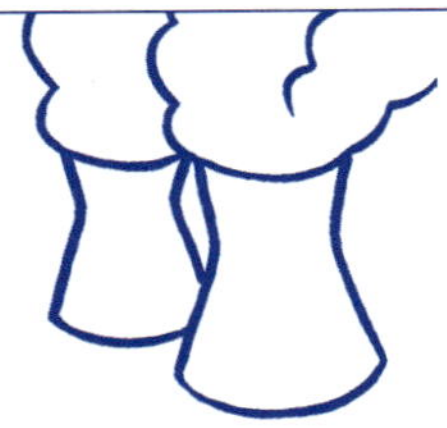
nucléaire

éolien

géothermie

renouvelable

non renouvelable

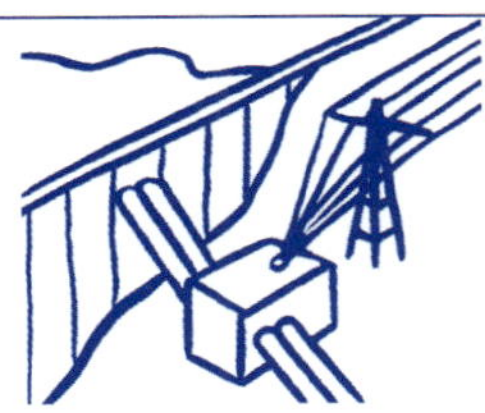
hydraulique

solaire

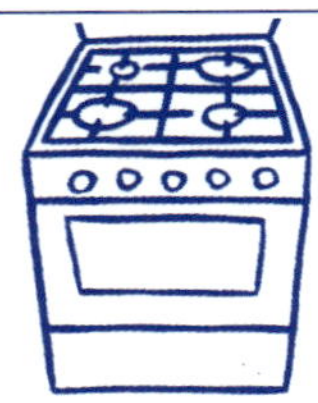
gaz

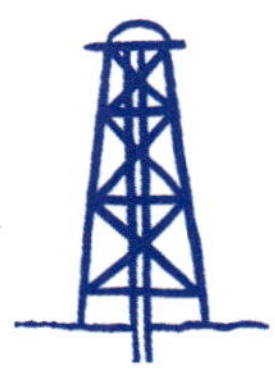
pétrole

Nom : .... Date : ....

Les énergies renouvelables

❶ À l'aide de ton moteur électrique et des briquettes en plastique, construis un mécanisme qui te permette de faire tourner une hélice. Dessine ton mécanisme et légende-le.

Quelle est la source d'énergie qui fait tourner l'hélice ? ....

Est-elle renouvelable ? Pourquoi ?

....

....

Cette source d'énergie est-elle à l'origine d'un déchet qui peut être polluant ? ....

Si oui, lequel ? ....

❷ Après avoir fabriqué le moulin (voir la rubrique *Pour t'aider*, fiche 12b), réalise l'expérience ci-contre.

Quelle est la source d'énergie qui fait tourner l'hélice ?

....

Si ton expérience était réalisée sur une rivière, l'énergie qui ferait tourner l'hélice serait-elle renouvelable ? Pourquoi ?

....

....

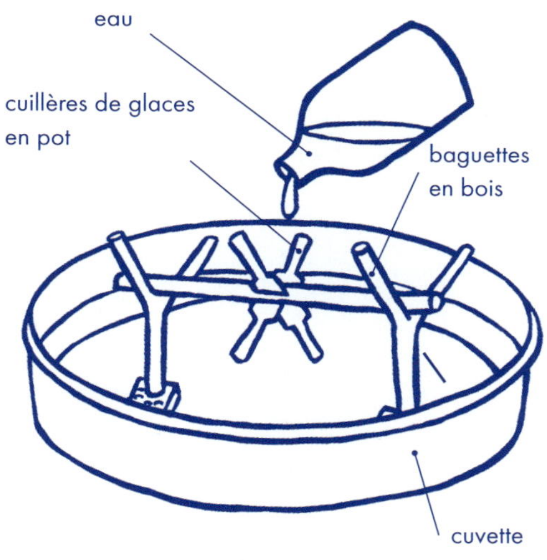

❸ Réalise l'expérience ci-contre.

Quelle est la source d'énergie qui fait tourner l'hélice ?

....

Si ton expérience était réalisée dans une région très ventée, l'énergie qui ferait tourner l'hélice serait-elle renouvelable ? Pourquoi ?

....

....

Nom : .... Date : ....

Conclusion

Les énergies renouvelables ne sont pas polluantes.
En t'aidant de l'expérience ❶, explique pourquoi.

....

....

Quelles sont les sources d'énergie que l'homme devrait utiliser davantage
pour éviter de polluer la Terre ? ....

Pour t'aider

Une **énergie renouvelable** est une énergie dont les ressources sont inépuisables.
Une **énergie non renouvelable** est une énergie qui, une fois utilisée, ne peut pas être recréée. Ses ressources s'épuisent. C'est le cas, par exemple, du pétrole et du charbon.

Réalisation du moulin

Avec l'aide d'un adulte, creuse 4 entailles d'environ 2 cm au milieu de la baguette.

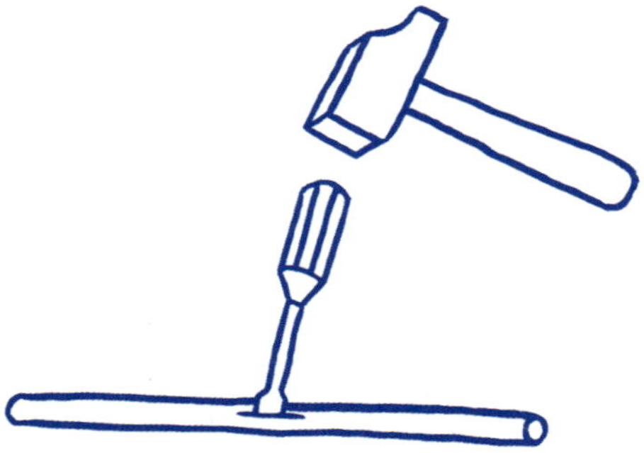

Insère, dans ces entailles, les 4 cuillères de glace en pot, comme sur le schéma.

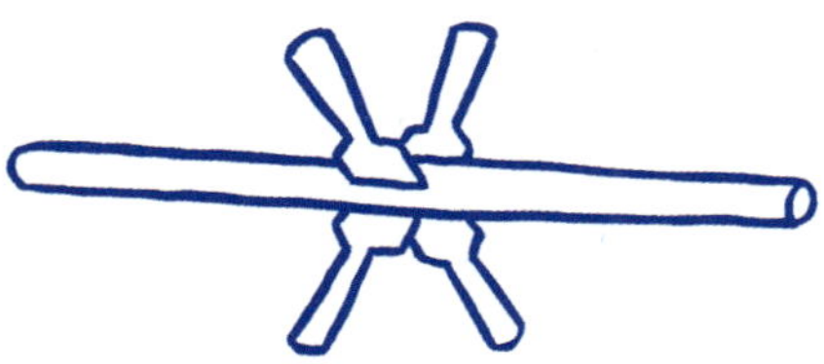

Ton moulin est prêt !

Nom : .... Date : ....

Ombres et phases de la Lune

❶ Observer des ombres

a) 1. Dessine l'objet que tu éclaires au niveau de la flèche 1.
2. Représente l'ombre de ton objet au niveau de la flèche 2.
3. Hachure en noir la zone de ton objet qui ne reçoit pas de lumière.

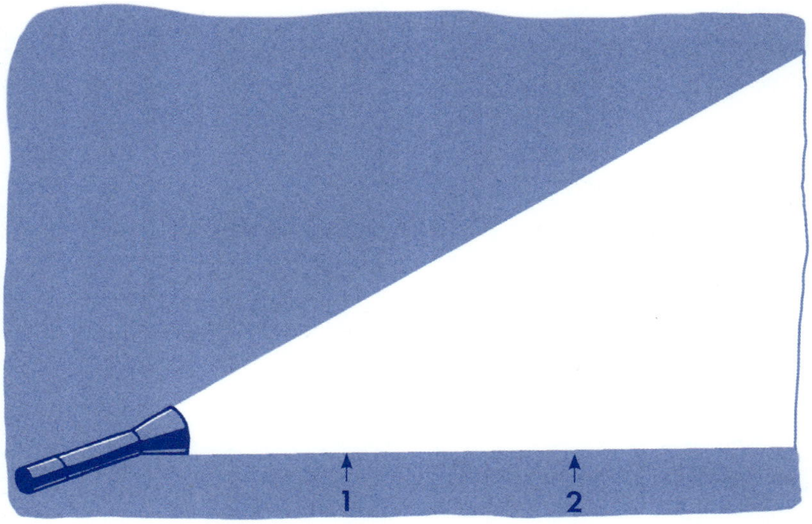

– L'ombre propre est la partie d'un objet qui ne reçoit pas de lumière lorsqu'il est éclairé.
– L'ombre portée est la zone située derrière l'objet qui ne recevra pas de lumière.

À l'aide de ces deux définitions, place sur ton dessin les deux légendes suivantes : « ombre propre », « ombre portée ».

b) Remplace l'objet par ta main. Dessine en noir les ombres propre et portée de ta main. Légende-les.

De quoi va dépendre la forme des ombres ?

....

Nom : ....   Date : ....

❷ Les phases de la Lune

La Lune a différents aspects durant un cycle lunaire. En fonction de la position de la Terre et de la Lune par rapport au soleil, la Lune va être éclairée différemment par le Soleil.

a) Observe ces différentes phases de la Lune et mets-les dans l'ordre, en les numérotant, en partant du moment où la Lune n'est pas visible.

b) Schématise dans l'ordre, en partant de la nouvelle lune, les différentes phases de la Lune. Donne un titre à chacun de tes schémas en utilisant les définitions ci-contre des différentes phases du cycle de la Lune.

Pleine lune : la lune est totalement éclairée.

Nouvelle lune : la lune est totalement sombre.

Lune gibbeuse : elle n'est pas pleine mais éclairée plus que la moitié. Il y en a une juste avant la pleine lune et une juste après.

Croissant de lune : il en existe 2, le premier et le dernier.

Quartier de lune : il en existe 2, le premier et le dernier.

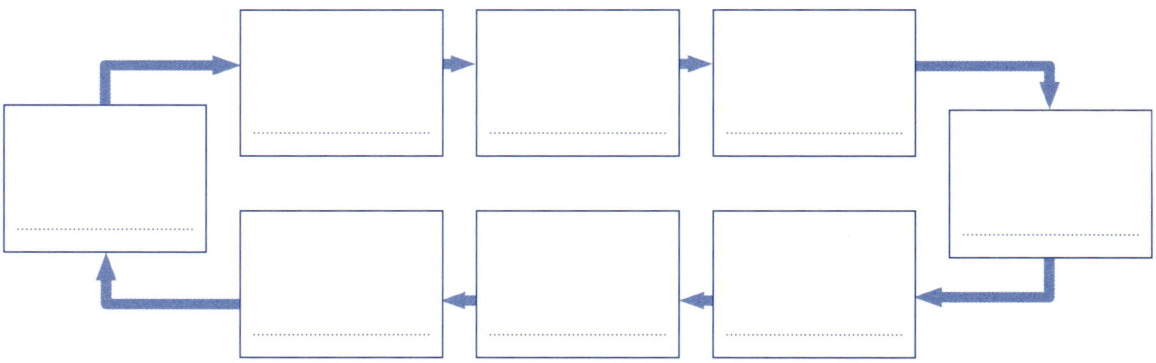

Pour aller plus loin

Lors d'une éclipse, la Lune passe entre le soleil et la Terre, ce qui crée une ombre à l'origine de l'éclipse. Est-ce son ombre portée ou son ombre propre ?

....

Nom : .... Date : ....

Réaliser des circuits électriques

❶ Un circuit électrique à deux composants

a) Tu disposes du matériel suivant : une pile, deux fils électriques et une lampe.

Réalise un montage afin que la lampe puisse s'allumer.

Dessine ton montage.

b) Pour simplifier les schémas électriques, des symboles sont utilisés.

——— : symbole pour représenter un fil électrique

 : symbole pour représenter une pile

 : symbole pour représenter une lampe

Schématise ton montage en utilisant les symboles proposés.

c) Voici une image de **circuit** pour un train en bois :

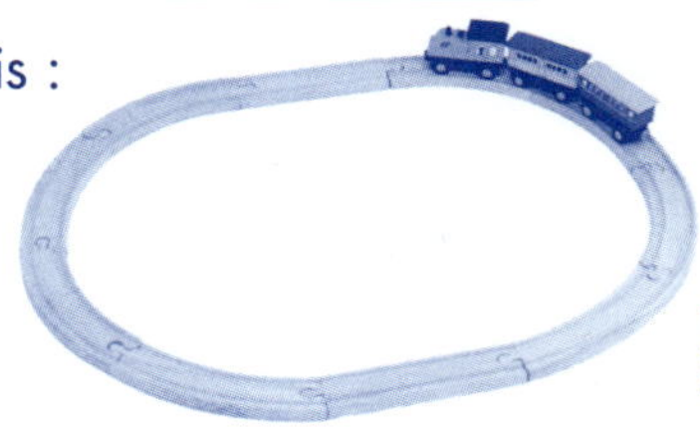

© iStock

Et celle d'un **circuit** pour une voiture électrique :

© DR

Explique pourquoi le montage que tu as réalisé est appelé « **circuit électrique** » :

....

....

Nom : .... Date : ....

❷ Un circuit électrique à trois composants

Un interrupteur est ajouté au précédent circuit électrique à deux composants. Il permet d'allumer ou d'éteindre lampe.

Il peut être représenté de deux manières différentes :

interrupteur ouvert : 

interrupteur fermé :

a) Schématise le circuit électrique « pile – lampe – interrupteur » qui permet d'allumer la lumière.

Entoure la bonne réponse :

Dans ce circuit qui allume la lampe, l'interrupteur est *ouvert / fermé.*

b) Schématise le circuit électrique « pile – lampe – interrupteur » qui permet d'éteindre la lumière.

Entoure la bonne réponse :

Dans ce circuit qui éteint la lampe, l'interrupteur est *ouvert / fermé.*

Nom : .... Date : ....

Comment est faite une fleur ?

❶ Enlève avec ta pince trois pétales de la tulipe.

Observe la fleur de profil et réalise un dessin. Représente bien tout ce que tu vois à l'intérieur.

La fleur de tulipe

❷ Enlève tous les pétales de la fleur. Il ne reste plus que ses organes sexuels (voir *Pour t'aider*). Les organes mâles sont vers l'extérieur.

Colle un de ces organes mâles dans le cadre ci-contre à l'aide du ruban adhésif.

À présent, légende-le et donne-lui un titre à l'aide du texte ci-dessous.

« Je m'appelle l'étamine. Je suis constituée d'une petite tige, le filet, qui se termine à son extrémité par deux petits sacs colorés, les sacs à pollen. »

Titre : ....

❸ Enlève tous les organes mâles.

Il y en a : .... Il ne reste au centre que l'appareil sexuel femelle.
Combien y en a-t-il ? ....
Il s'appelle le **pistil**.

Observe et dessine l'intérieur du pistil en complétant le dessin.

Les petits ronds qui sont dans le pistil sont les **ovules.** Ils se transformeront en **graines.**

Le pistil

Conclusion

La fleur de tulipe est constituée de trois parties :

– les .... qui sont à l'extérieur ;

– les organes mâles : les .... ; il y en a .... chez la tulipe ;

– l'organe femelle : le ...., qui est unique chez la tulipe.

Nom : .... Date : ....

Pour t'aider

Les organes reproducteurs

Pour fabriquer des graines, les plantes doivent se reproduire. La reproduction se fait au niveau des fleurs, qui possèdent le plus souvent à la fois des organes mâles (les **étamines**) et des organes femelles (le **pistil**). Chez certaines plantes, les organes mâles et femelles ne sont pas situés sur la même fleur (le noisetier, le maïs) ou sur le même pied (le saule).

Pour aller plus loin

1 Retrouve sur ces fleurs les différentes parties que tu as observées sur la tulipe. Légende-les.

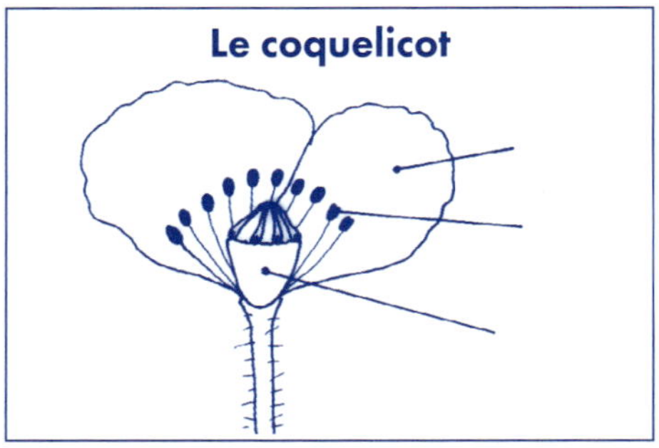

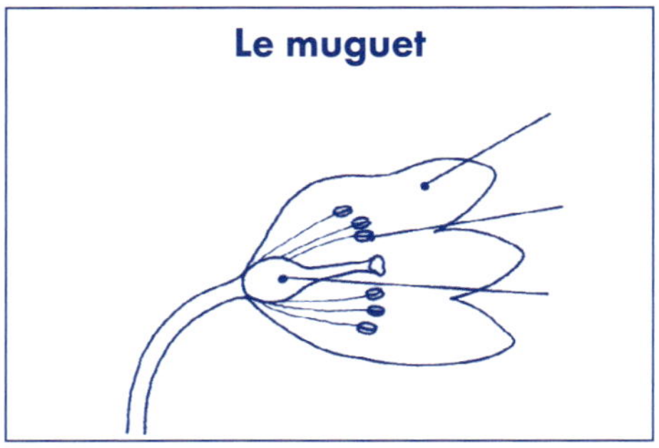

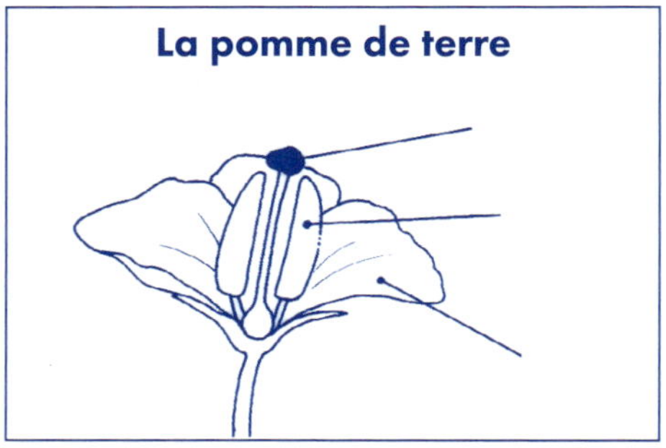

2 Voici deux fleurs d'une même plante : le saule.
L'une est mâle et l'autre femelle.
Légende les dessins du haut en donnant le sexe de chaque fleur.
Légende la partie agrandie de la fleur qui t'a permis de trouver le sexe.

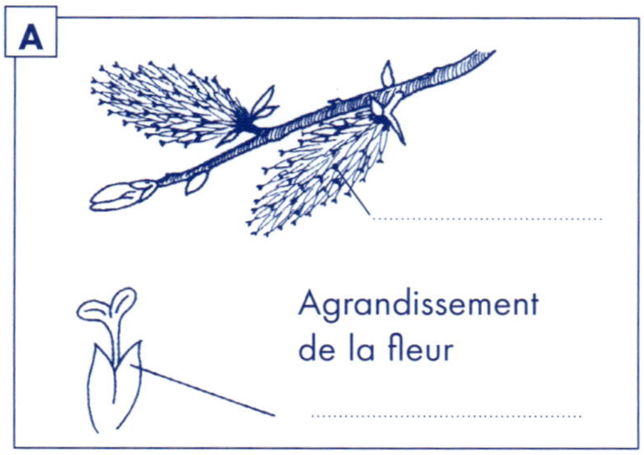

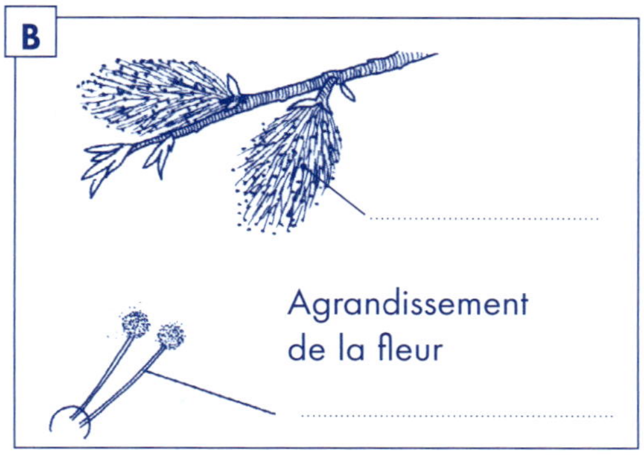

Nom : ....

Date : ....

Comment classer les mammifères ?

1 • Parmi ces animaux, entoure les mammifères.

• Trouve les deux principaux points communs qui caractérisent des mammifères.

Un mammifère possède :

....

• Cite quelques grands groupes de mammifères que tu connais.

....

....

....

Vignettes à découper pour la fiche 16b :

Nom : .... Date : ....

2 Observe chaque animal de la fiche 16a.
Découpe chaque vignette et colle-la dans le cadre qui convient dans ce tableau.

Mammifères : poils et mamelles

Carnivores : dents pointues

Félins : griffes rétractiles (qui peuvent se contracter)

Canidés : griffes non rétractiles

Rongeurs : incisives en biseau (de biais) et molaires plates

Proboscidiens : possèdent une trompe

Primates : présence d'ongles, préhension (aptitude à saisir des objets)

Lémuriens : museau allongé, gros yeux

Hominidés : station debout permanente, langage évolué

Bovidés : ruminants et herbivores

Chiroptères : mammifères volants

Nom : .... Date : ....

Comment classer les plantes ?

❶ Observe chaque plante et écris son nom en face du numéro qui lui correspond.

1. .... 5. ....

2. .... 6. ....

3. .... 7. ....

4. ....

❷ Dans la nature, sur les plantes, tu observes le plus souvent des feuilles vertes, des racines, des fleurs, des fruits, des graines, une tige, un tronc...
Mais est-ce le cas de toutes les plantes ?

Pour chacune de tes plantes, mets une croix en face des éléments que tu observes.

Plante n°	1	2	3	4	5	6	7
feuilles vertes							
racines							
fleurs, fruits ou graines							
tronc							
feuilles larges et fines							
feuilles en aiguille							

❸ Grâce au tableau et à la classification des végétaux (voir *Pour t'aider*, fiche 17b), trouve le nom de famille de chaque plante.

1. .... 5. ....

2. .... 6. ....

3. .... 7. ....

4. ....

Nom : .... Date : ....

La classification des plantes

POUR T'AIDER

Feuillu : arbre qui possède des feuilles fines, plates et larges. Le plus souvent il perd ses feuilles à l'automne. Il possède des fleurs plus ou moins visibles au printemps. Ses fruits sont secs (ex. : le gland) ou juteux (ex. : la cerise).

Conifère : arbre qui possède des feuilles en forme d'aiguille. Il porte le plus souvent des cônes (ex. : la pomme de pin).

Plante herbacée : petite plante à fleurs dont la tige est souple. Elle ne vit parfois que 1 ou 2 ans. Exemple : le pissenlit, la pâquerette, le bouton-d'or.

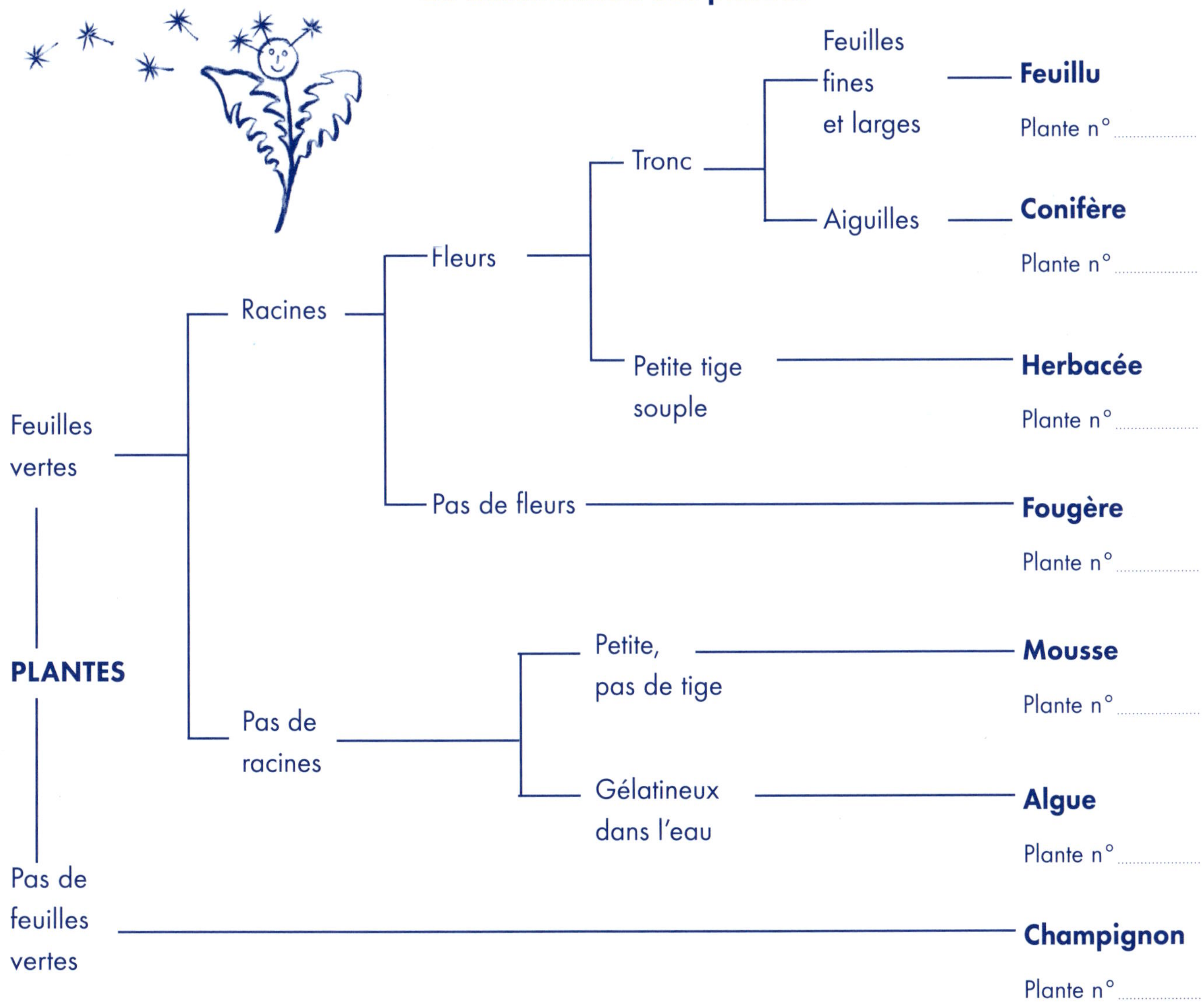

Nom : .... Date : ....

Fiche 18a

Panorama du monde vivant

Fossiles et échelle des temps géologiques

Les fossiles sont des traces d'anciennes espèces animales ou végétales aujourd'hui disparues. En les étudiant, il est possible de leur donner un âge et d'établir l'histoire de la vie sur Terre.

Reconstitue la frise des temps géologiques en collant les vignettes « fossiles » dans les cases correspondantes.

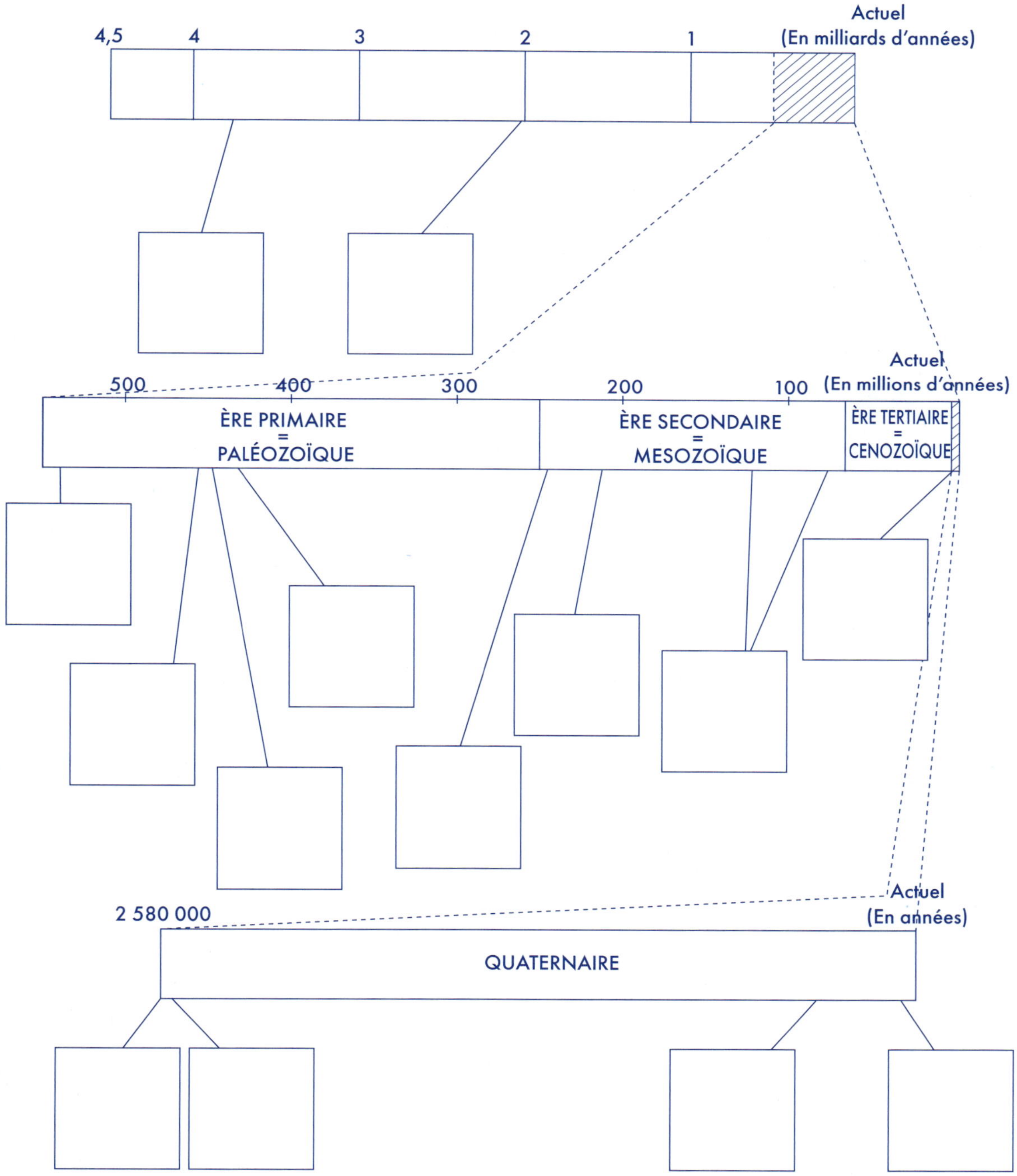

Nom : ....

Date : ....

Les vignettes ci-dessous sont à découper et à coller dans les cadres de la fiche 18a.

Certaines vignettes correspondent à l'**apparition** d'espèces : trilobites, ichtyosaures, Homo habilis (qui est le premier représentant des humains), premiers êtres vivants évolués (des organismes pluricellulaires), poissons à plaques, smilodon, Homo sapiens, morganucodon (premier mammifère apparu sur Terre), premier animal terrestre (un mille pattes), les premiers êtres vivants (qui sont l'équivalent de nos microbes actuels), cheval primitif, première plante terrestre.

D'autres vignettes correspondent à la disparition d'espèces : mammouths, tyrannosaure rex.

Sur ta frise, entoure en vert les espèces qui apparaissent et en rouge celles qui disparaissent.

VIGNETTES « FOSSILES »

1er Homme
2 580 000 ans

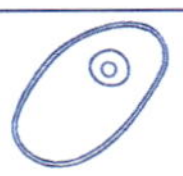
Premiers êtres vivants simples −3,8 milliards d'années

Homo sapiens
−300 000 ans

Premiers êtres vivants évolués −2,1 milliards

Ichtyosaure
−250 millions d'années

1er mammifère
−205 millions d'années

Mammouth
−10 000 ans

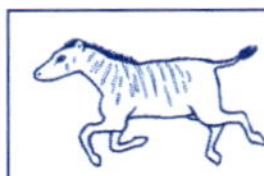
Cheval primitif
−40 millions d'années

Premier animal terrestre −428 millions d'années

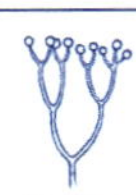
Première plante terrestre
−450 millions

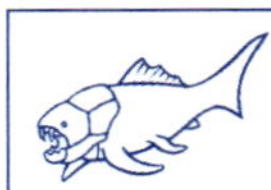
Poissons à plaques
−440 millions d'années

Smilodon
−2 500 000 ans

Tyrannosaure rex
−66 millions d'années

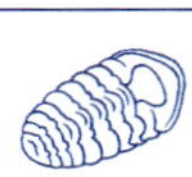
Trilobite (marin)
−520 millions d'années

Nom : ....   Date : ....

Fiche **19a**

Alimentation humaine

Les besoins en énergie de notre organisme

1 • **Dans le tableau ci-dessous, note ce que tu as fait pendant la journée d'hier.**
Attention ! tu dois obtenir 24 heures au total.

• **Ensuite, calcule la quantité d'énergie que tu as consommée pour effectuer ces activités** (multiplie la quantité d'énergie dépensée en une heure d'activité par le nombre d'heures passées à cette activité).

1	2	3	4	
J'ai dormi.	**J'ai été assis(e)** (à l'école, devant la télévision...).	**J'ai marché** (aller à l'école, faire des courses...).	**J'ai fait du sport** (courir, faire de la gym...).	
.... heure(s)	.... heure(s)	.... heure(s)	.... heure(s)	**1 + 2 + 3 + 4 = 24 heures**
Pour 1 heure de sommeil, je consomme **220** kilojoules.	Pour 1 heure assis(e), je consomme **295** kilojoules.	Pour 1 heure de marche, je consomme **732** kilojoules.	Pour 1 heure de sport, je consomme **1 317** kilojoules.	
Total 1 J'ai donc consommé 220 x .... = ...	**Total 2** J'ai donc consommé 295 x .... = ...	**Total 3** J'ai donc consommé 732 x .... = ...	**Total 4** J'ai donc consommé 1 317 x .... = ...	**TOTAL** **1 + 2 + 3 + 4** = ...

Le tableau suivant t'indique le contenu énergétique des différents aliments pour 1 gramme.

Aliments (1 g)	kJ	Aliments (1 g)	kJ	Aliments (1 g)	kJ	Aliments (1 g)	kJ
Lait et produits laitiers		Concombre	0,5	**Viandes, poissons, œufs**		**Pain, céréales, pommes de terre, légumes secs**	
Lait entier	2,7	Endive	0,8				
Lait demi-écrémé	2	Haricots verts	1,6	Agneau (côtelette)	13,8	Biscottes	16,3
Beurre	31,7	Laitue	0,7	Bœuf (entrecôte)	8,3	Biscuits	17,1
Crème fraiche	12,5	Petits pois	2,9	Canard	12,5	Brioche	16,1
Crème glacée	7,9	Tomate	0,8	Dinde (escalope)	10,8	Chips	23,8
Fromage blanc 40 %	1,8	Bananes	3,7	Lapin	5,5	Flageolets	5
Yaourt nature (unité)	2,3	Noix	27,5	Porc (côte)	13,8	Lentilles	14,1
Yaourt aux fruits (unité)	4,1	Orange	1,6	Porc (jambon)	12,5	Pain	10,6
Camembert	13	Pêche	1,9	Poulet	6,2	Pâtes	3,7
Crème de gruyère	11,7	Pomme	2,1	Veau (escalope)	7,1	Pizza	8,3
Emmental	17,3	Raisin	3,3	Rillettes	25	Pommes de terre	3,7
Roquefort	15,2	Chocolat au lait	22,9	Saucisses	17,5	Frites	17,5
		Confiture	11,7	Saucisson sec	23,4	Riz cuit	3,7
Légumes et fruits		Sucre	16,7	Cabillaud	3,3		
Avocat	8,3			Poisson pané	7,3	**Boissons**	
Betterave	1,8			Sardines à l'huile	10,6	Coca-cola	1,8
Champignon	1,1	**Matières grasses**		Thon à l'huile	11,7	Jus de raisin	3,1
Choucroute	1,2	Huiles	37,6	Œuf entier (unité)	3,3	Limonade	1,9
Chou-fleur	1,3	Margarine	31,5			Thé	< 1

Fiche 19b

Alimentation humaine

Nom : .... Date : ....

Pour t'aider

Pour faire fonctionner ton organisme, tu as besoin d'aliments : ils te fournissent de l'énergie.
Plus tu fais d'efforts (de la marche, du sport...), plus tu as besoin d'énergie et plus tu dois manger.

❷ Note ce que tu as mangé pendant la journée d'hier.
Ensuite, à l'aide du tableau des aliments (fiche 19a), calcule à quelle quantité d'énergie utilisable correspondent ces aliments.
(L'exemple du pain te donne la marche à suivre.)

MATIN			MIDI			GOUTER			SOIR		
Aliment + quantité	kilojoules pour 1 g	Énergie utilisable	Aliment + quantité	kilojoules pour 1 g	Énergie utilisable	Aliment + quantité	kilojoules pour 1 g	Énergie utilisable	Aliment + quantité	kilojoules pour 1 g	Énergie utilisable
Pain 120 g	10	120 X 10 = 1 200 kJ									
TOTAL 1			TOTAL 2			TOTAL 3			TOTAL 4		

Total général : 1 + 2 + 3 + 4 = ...

Conclusion

Énergie dépensée hier : .... kilojoules.

Énergie absorbée hier :.. kilojoules.

Choisis la phrase qui correspond à ton cas.

☐ Aujourd'hui, je dois plus manger car je me suis trop dépensé.e hier.

☐ Aujourd'hui, je dois moins manger car je ne me suis pas assez dépensé.e hier.

Nom : ....   Date : ....

Appareil digestif et digestion

❶ Le tube digestif te permet de digérer tes aliments en les transformant en petits éléments : les nutriments que ton corps va pouvoir utiliser pour fonctionner, grandir.

Dessine ton tube digestif dans le cadre de gauche et utilise tes connaissances pour le légender.

Nom : ....   Date : ....

❷ Découpe le schéma du tube digestif et colle-le sur la fiche 20a, dans le cadre de droite.

❸ Le tube digestif est composé de différentes parties : la bouche, l'œsophage, l'estomac, l'intestin grêle et le gros intestin.

Dans chaque cadre, écris le nom de la partie du tube digestif qu'il indique et son rôle. Pour cela, utilise les informations que tu peux tirer de l'expérience et du texte qui te sont proposés :

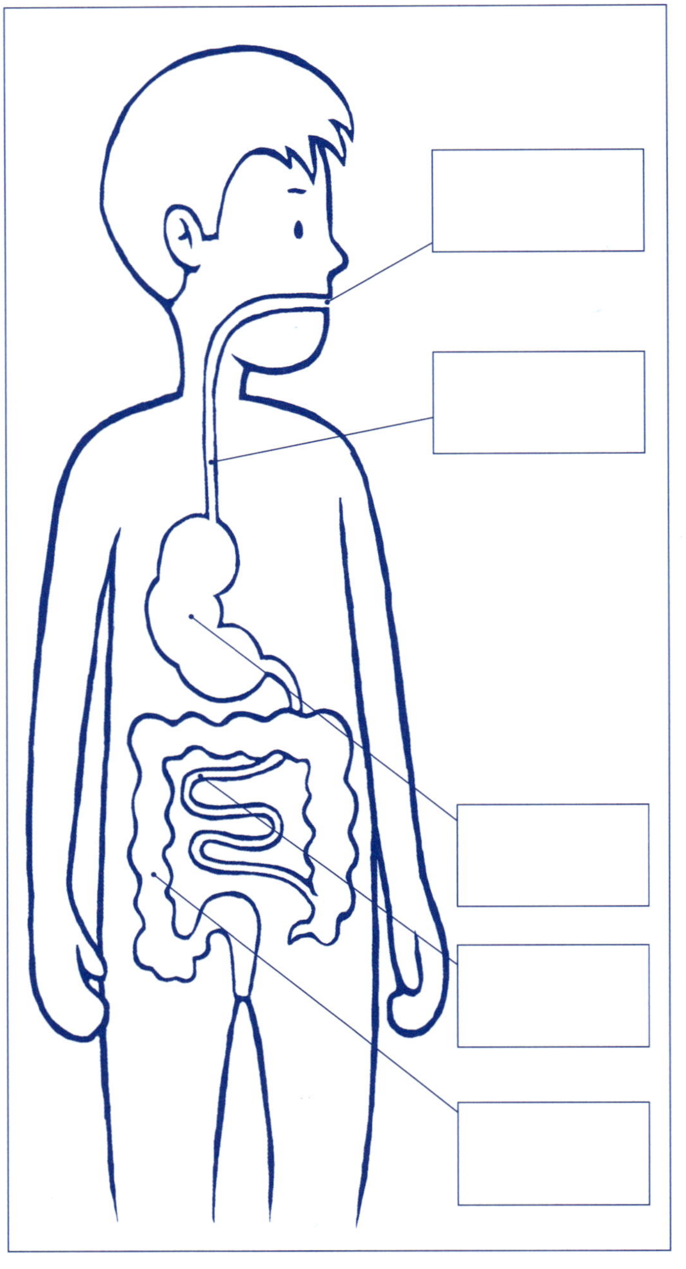

Expérience : Mâche un morceau de pain pendant 2-3 minutes. Quel aspect prend-il ? Quel goût a-t-il ? Déduis-en le rôle de la bouche dans la digestion.

Texte : « Après un début de digestion dans la bouche, les aliments entrent dans l'œsophage qui en se contractant les amène jusqu'à l'estomac.
Dans l'estomac, ils sont mélangés et transformés en élément plus petits, grâce à des « ciseaux chimiques », les enzymes. Ils arrivent ensuite dans l'intestin grêle qui contient lui aussi des enzymes et achève la digestion.
Les nutriments vont entrer dans notre sang à ce niveau et être distribués à l'ensemble de notre corps.
Ce qui n'a pas été digéré est transformé en excréments par le gros intestin et sera évacué par l'anus. »

Nom : .... Date : ....

Fiche 21a

Équilibrer sa ration alimentaire

1 Reporte dans le tableau ci-dessous le nom et le poids approximatif des aliments que tu as mangés au cours des différents repas de la journée.

Sur les emballages et dans la rubrique ***Pour t'aider*** (fiche 21 b) te sont indiquées les quantités de glucides, de protides et de lipides contenues dans 100 grammes de chaque aliment.

- **Reporte ces indications dans le tableau.**
- **Calcule la quantité de glucides, protides et lipides contenue dans chaque aliment consommé.**
- **Calcule la quantité totale de glucides, protides et lipides mangée lors de la journée.**

Nom de l'aliment	Poids mangé	Glucides pour 100 g	Protides pour 100 g	Lipides pour 100 g	Glucides mangés	Protides mangés	Lipides mangés
				Quantité totale mangée :			

2 Une ration alimentaire équilibrée contient 4 portions de glucides, 2 portions de protides et 1 portion de lipides.
Vérifie que ton repas est bien équilibré en divisant par 4 la quantité de glucides, par 2 celle de protides et par 1 celle de lipides.

Glucides : .... ÷ 4 = ... Protides : .... ÷ 2 = ...

Lipides : .... ÷ 1 = ...

Conclusion

Quels sont les aliments dont tu dois modifier la quantité pour équilibrer ton alimentation lors d'une journée ?

J'ajoute ....

Je retire ....

Nom : ....

Date : ....

Pour t'aider

❶ Tableau de la composition des principaux aliments

Ce tableau te permet de connaitre la quantité de glucides, lipides et protides présents dans 100 grammes des aliments les plus courants.

Aliments (100 g)	P	L	G
Lait et produits laitiers			
Lait entier	3,5	3,5	5
Lait demi-écrémé	3,5	1,7	5
Beurre	1	84	0
Crème fraiche	3	30	4
Crème glacée	4	10	20
Fromage blanc 40 %	8	8	3
Yaourt nature (unité)	5	1,2	6
Yaourt aux fruits (unité)	5	0	20
Camembert	20	24	4
Crème de gruyère	18	22	2,5
Emmental	28	33	1,5
Roquefort	23	35	2
Légumes et fruits			
Avocat	1,7	20	6
Betterave	1,6	0,1	9,5
Champignon	3	0	4
Choucroute	1,3	0,4	5
Chou-fleur	2,4	0,3	5
Concombre	1	0	2
Endive	1	0	4
Haricots verts	2,5	0	7
Laitue	1,2	0	3
Petits pois	4	0	12
Tomate	1	0	4
Bananes	1,5	0	20
Noix	15	60	15
Orange	1	0	9
Pêche	0,5	0,1	11
Pomme	0,3	0	12
Raisin	1	1	17
Chocolat au lait	5	34	56
Confiture	0	0	70
Sucre	0	0	100
Matières grasses			
Huiles	0	99	0
Margarine	1	83	1

Aliments (100 g)	P	L	G
Viandes, poissons, œufs			
Agneau (côtelette)	15	30	0
Bœuf (entrecôte)	17	15	0
Canard	20	25	0
Dinde (escalope)	22	19	0
Lapin	22	5	0
Porc (côte)	15	30	0
Porc (jambon)	18	22	6
Poulet	21	7	0
Veau (escalope)	18	11	0
Rillettes	22	57	3
Saucisses	15	40	0
Saucisson sec	25	50	0
Cabillaud	18	0,5	0
Poisson pané	16	9	7
Sardine à l'huile	23	17	0
Thon à l'huile	25	20	0
Œuf entier (unité)	7,5	5,5	0
Pain, céréales, pommes de terre, légumes secs			
Biscottes	10	5	75
Biscuits	7	10,5	72
Brioche	7	22	40
Chips	5	39	50
Flageolets	8	0,5	21
Lentilles	24	2	56
Pain	7	0,8	55
Pâtes	20	0	20
Pizza	5	10	2
Pommes de terre	2	0	16,7
Frites	3	20	57
Riz cuit	2	0	20
Boissons			
Coca-cola	0	0	11
Jus de raisin	0	0	19
Limonade	0	0	12,5
Thé	0,1	0	0

❷ Comment calculer la quantité de glucides, lipides et protides présents dans les aliments que tu as mangés ?

Exemple : il y a 15 g de glucides dans 100 g de banane. Pour trouver la quantité de glucides dans 55 g de banane que tu as mangés, tu fais le calcul suivant :

(15 ÷ 100) × 55 = 8,2 g de glucides mangés.

Nom : .... Date : ....

La fabrication du yaourt

❶ Réalise les expériences suivantes :

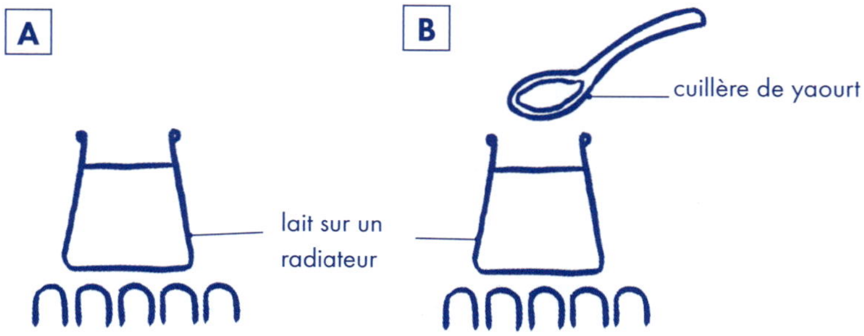

RÉSULTAT

Décris l'aspect du lait 24 h après :

A .... B ....

Peux-tu fabriquer du yaourt avec du lait seul ? ....

Quel est l'élément indispensable ? ....

❷ Réalise les expériences suivantes :

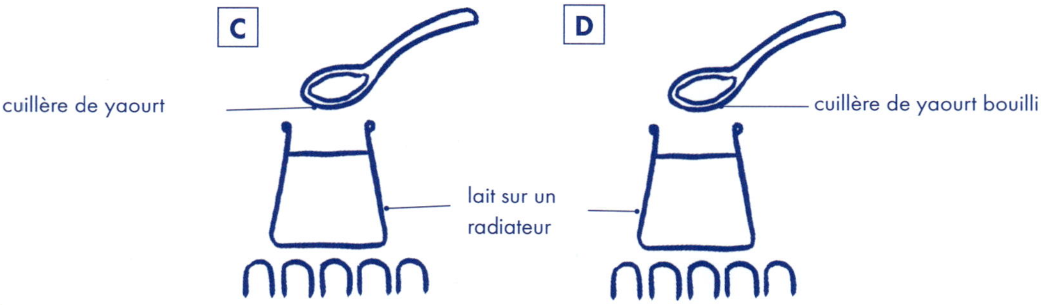

RÉSULTAT

Décris l'aspect du lait 24 h après :

C .... D ....

À partir de ces expériences et de la rubrique *Pour t'aider* (fiche 22b), explique quel est l'élément qui permet la fabrication du yaourt :

....

❸ Observe du yaourt à la loupe.

Peux-tu y observer des filaments ? ....

Donc, que contient le yaourt ? ....

Conclusion

Que faut-il pour fabriquer du yaourt et pourquoi ? ....

....

Nom : .... Date : ....

Pour t'aider

Les **microbes** – par exemple, les bactéries – et les **moisissures** sont des êtres vivants.
Si tu les fais bouillir, tu les tues et ils ne peuvent plus se développer.
Par exemple, lors de la fabrication des conserves, le chauffage tue les microbes, ce qui assure la conservation de l'aliment.
Les microbes ne sont pas visibles à l'œil nu, ni à l'aide d'une loupe.
Les moisissures, elles, peuvent être observées à l'aide d'une loupe. Elles ressemblent à de fins filaments.

Pour aller plus loin

La fabrication du pain

a) Trouve la recette du pain et écris les proportions de chaque ingrédient.

b) Réalise les expériences suivantes en respectant les quantités de ta recette.

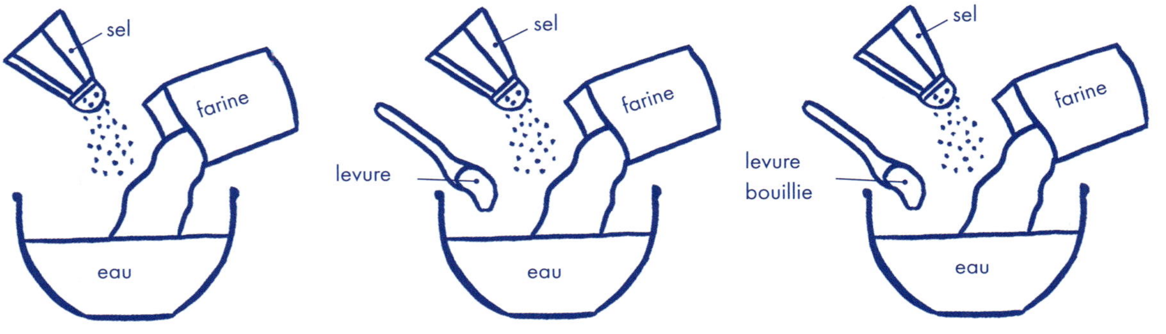

RÉSULTATS (après 2 ou 3 heures)

Aspect de la pâte :	Aspect de la pâte :	Aspect de la pâte :
....	....	....
Odeur de la pâte :	Odeur de la pâte :	Odeur de la pâte :
....	....	....

c) Réponds à ces questions à l'aide des expériences réalisées.

Les levures de bière sont-elles des êtres vivants ? ....

Quel est leur rôle lors de la fabrication du pain ? La pâte peut-elle gonfler sans elles ?

....

....

Lorsque tu sens du pain, a-t-il l'odeur que tu as remarquée ? ....

Peux-tu expliquer pourquoi ? ....

....

Nom : .... Date : ....

Qui est le plus âgé ?

Observe ces trois arbres et ces trois coquillages. Il est difficile de savoir quels sont les plus âgés ou les plus jeunes.

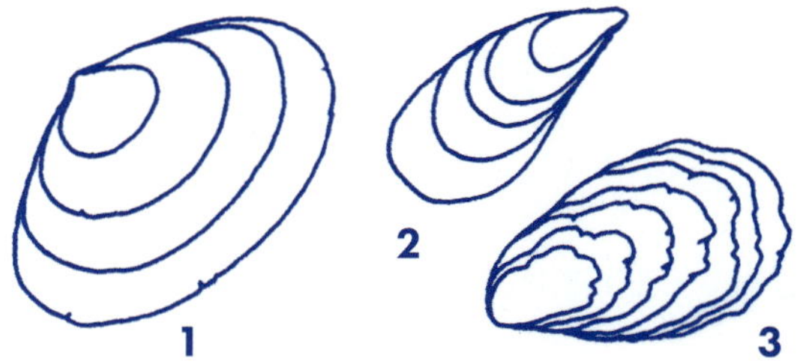

❶ Menons notre enquête.
Prends une rondelle de tronc d'arbre et un coquillage et complète le tableau ci-dessous.

	rondelle de tronc	coquillage
Dessine ce que tu observes.		
Qu'ont-ils en commun ?	....	

❷ À ton avis, à quoi correspondent ces marques ?

Ces marques correspondent à :

....

Donne l'âge de l'arbre dont tu as observé la tranche.

L'arbre est âgé de : ....

Donne l'âge du coquillage : ....

❸ Revenons à nos 3 arbres et à nos 3 coquillages.

Peux-tu dire quel est le plus âgé des arbres ? ....

Pourquoi ? ....

Peux-tu dire quel est le plus âgé des coquillages ?

....

Pourquoi ? ....

Écris l'âge des trois coquillages :
– coquillage 1 : ....
– coquillage 2 : ....
– coquillage 3 : ....

Fiche 23b

Nom : .... Date : ....

Pour ton information

Chez l'arbre, les marques qui correspondent à une année s'appellent des **cernes**.

Souviens-toi !

Pour qu'une plante pousse, il lui faut :
- ....
- ....
- ....

Tu peux revoir la fiche 43.

Pour aller plus loin

Regarde ces coupes d'arbres.

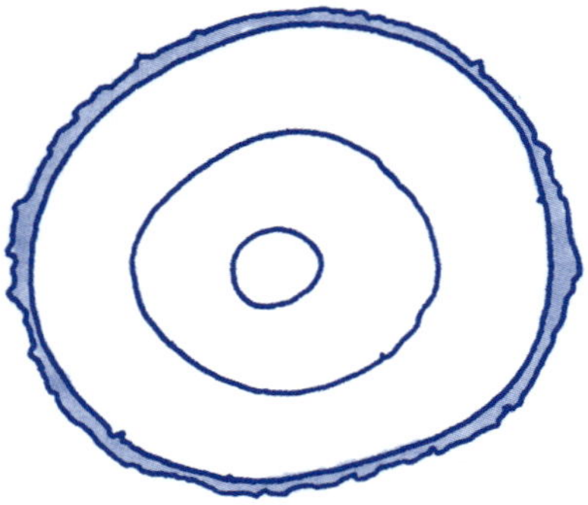

A

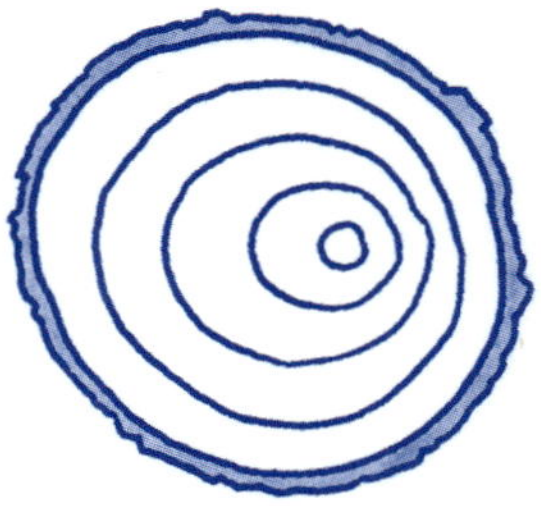

B

Tu as bien observé ?

❶ Maintenant, coche la phrase correcte.

- ☐ Les cernes de A sont les plus larges, c'est donc lui le plus vieux.
- ☐ Les cernes de A sont les plus nombreux, c'est donc lui le plus vieux.
- ☐ Les cernes de B sont les plus étroits, c'est donc lui le plus jeune.
- ☐ Les cernes de B sont les plus nombreux, c'est donc lui le plus vieux.

❷ Donne l'âge de A : ....

Donne l'âge de B : ....

❸ Coche la ou les bonnes réponses.

Les cernes de A sont plus larges que ceux de B car :

- ☐ Il a eu plus de soleil.
- ☐ Il a eu moins de soleil.
- ☐ Il a eu plus d'eau.
- ☐ Il a eu moins d'eau.
- ☐ Il a eu de la bonne terre.
- ☐ Il a eu de la mauvaise terre.

Nom : .... Date : ....

Déterminer l'âge d'un arbre

Chaque anneau correspondant à une année de la croissance d'un arbre est appelé

....

1 Colorie chaque anneau d'une couleur différente.
Numérote-les en partant du plus vieux au plus jeune.
Légende un des anneaux.

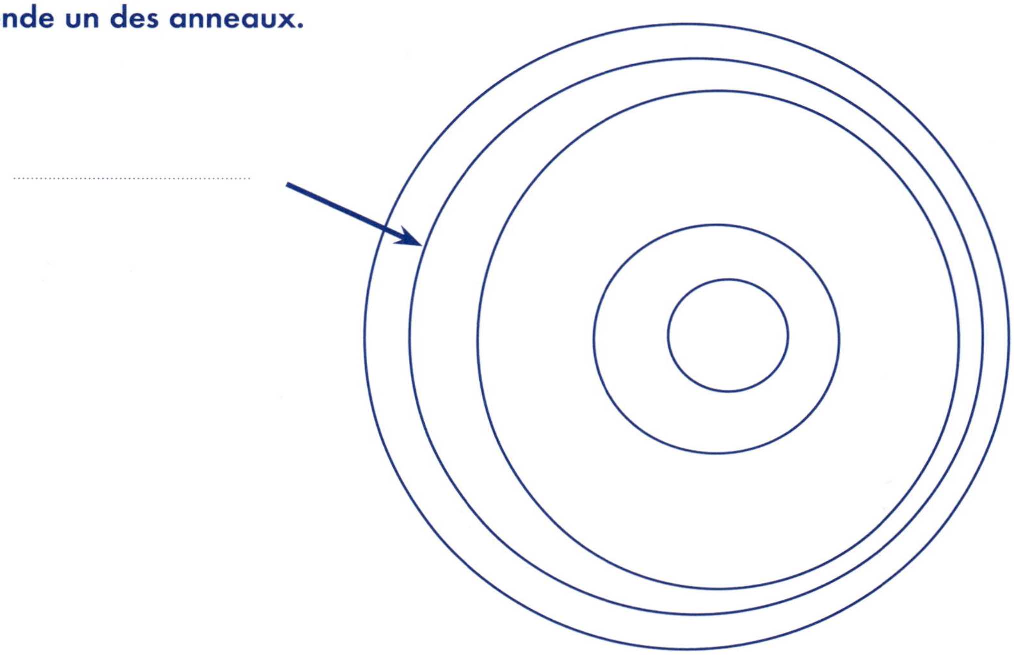

2 Reconstitue l'histoire de cet arbre en dessinant l'évolution de son tronc d'année en année.

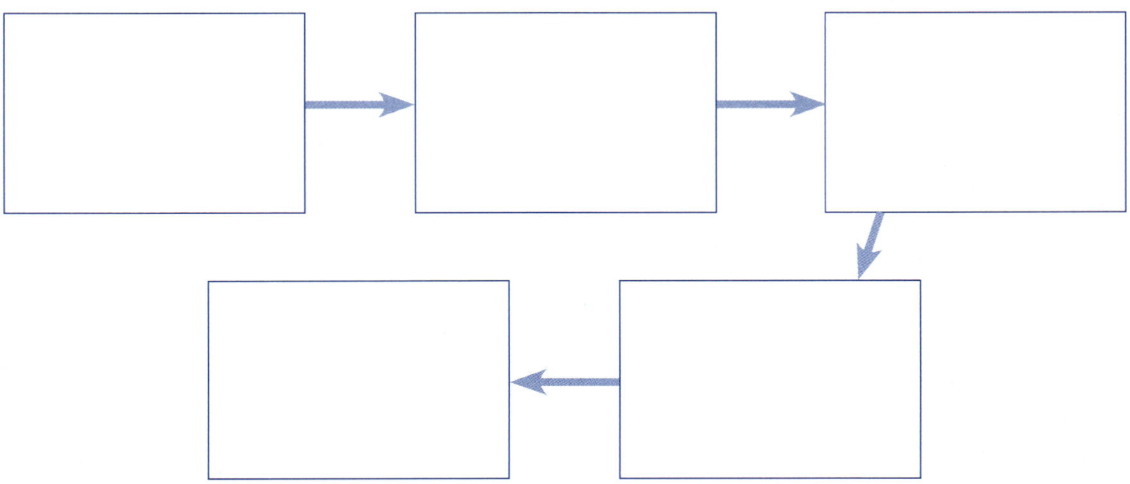

Conclusion

L'arbre que j'ai observé avait .... ans lorsqu'il a été coupé.

Nom : ....   Date : ....

Pour aller plus loin

La largeur d'un cerne va dépendre de :

- L'ensoleillement : un arbre qui aura beaucoup de lumière poussera mieux qu'un arbre qui sera à l'ombre dans une forêt.
- La quantité d'eau qu'il reçoit : lors des sécheresses, les cernes sont plus étroits que lorsqu'il pleut suffisamment.
- La qualité de la terre qui le nourrit en sels minéraux.

Voici un arbre, de l'âge de trois ans jusqu'à six ans. **Complète, à côté de chaque dessin, la taille et le nombre correct de cernes en observant bien les conditions de vie qu'il a eu durant chaque année représentée.**

J'ai 3 ans

J'ai 4 ans

J'ai 5 ans

J'ai 6 ans

Nom : .... Date : ....

Les étapes de la germination d'une graine

1 Indique quelles sont les conditions nécessaires pour qu'une graine germe.

- ....
- ....

2 Découpe trois disques de la taille de ton couvercle de pot de confiture dans du papier essuie-tout.
Dépose-les au fond du couvercle et imbibe-les d'eau.
Dépose dessus trois graines de radis.

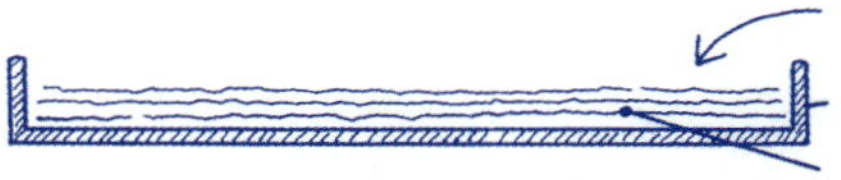

3 Voici les phases qui correspondent aux étapes principales de la germination. Attention ! elles sont dans le désordre.

A *J'ai soif ! Vite je me fabrique de quoi boire.*

B *Je suis toute desséchée, je me gonfle d'eau comme une éponge.*

C *J'ai des réserves, mais je commence à avoir faim. Je construis mon « usine à nourriture ».*

Observe bien tes graines germer et reclasse les phases dans l'ordre.

1 .... 2 .... 3 ....

Dessine les trois étapes de la germination et donne un titre en utilisant le texte des trois phrases.

1	2	3

Quelles sont les parties de la plante qui permettent l'étape A ?

....

Quelles sont les parties de la plante qui permettent l'étape C ?

....

Conclusion

Lors de sa germination, la graine 1 ....

2 .... grâce à ses ....

3 .... grâce à ses ....

Nom : .... Date : ....

Pour aller plus loin

❶ Quelles sont les parties de la racine qui permettent d'absorber l'eau ?
Avec une loupe, observe bien la jeune racine qui s'est formée lors de la germination de la graine.
Dessine cette racine et décris-la en utilisant ces deux légendes :
– racine,
– poil absorbant.

❷ Si on fait tremper la pointe de la racine dans de l'huile (liquide qui ne peut pas être utilisé par la plante) et les poils absorbants dans de l'eau, quel résultat obtient-on après une journée ? (dessin 1)

....

Si on fait tremper la pointe de la racine dans de l'eau et les poils absorbants dans de l'huile, quel résultat obtient-on après une journée ? (dessin 2)

....

1

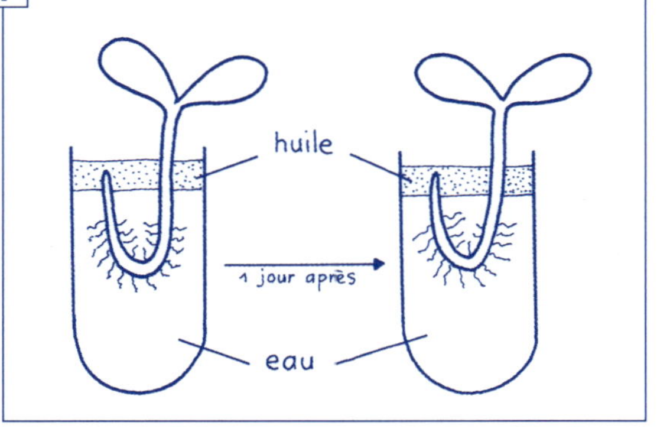

2

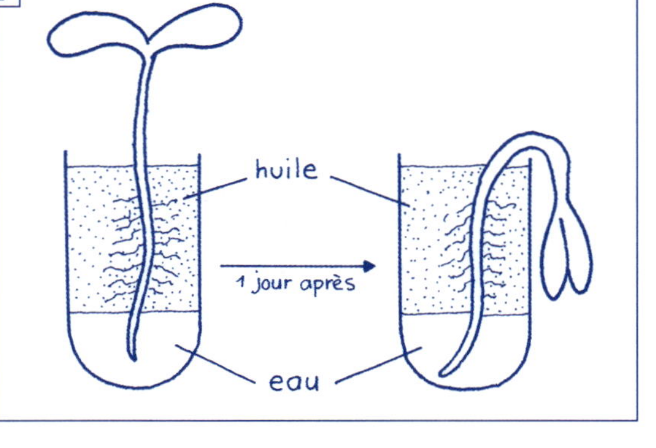

Conclusion

À quoi servent les poils absorbants ?

....

Nom : ....

Date : ....

Le cycle de développement du ténébrion

❶ Dispose ton élevage dans la coupelle, et observe-le à l'aide de la loupe et des pinces. Dessine les différentes bêtes que tu observes et essaie de leur donner un nom en utilisant le vocabulaire de la rubrique *Pour t'aider*.

a) ....

b) ....

c) ....

❷ Pour comprendre leur présence, isole chaque catégorie dans un élevage et observe puis note ce qui se passe pour chacun d'eux.

Élevage a) : ....

Élevage b) : ....

Élevage c) : ....

Quelle a été, pour chaque élevage, la durée nécessaire pour observer des changements ?

Élevage a) > durée : ....

Élevage b) > durée : ....

Élevage c) > durée : ....

Quel est le stade où l'animal grandit ?

....

Conclusion

Reconstitue le cycle de développement du ténébrion en collant, dans le bon ordre et après les avoir découpées, les vignettes ci-dessous.

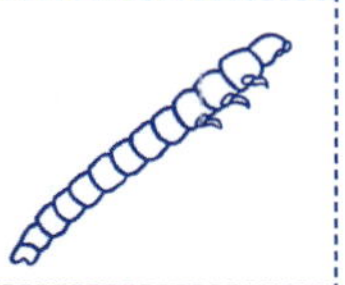

Nom : ....   Date : ....

Pour aller plus loin

❶ Pourquoi cet insecte s'appelle-t-il le ténébrion?
Cherche dans un dictionnaire la définition du mot « ténèbres » et recopie-la.

....

....

À partir du matériel ci-dessous, invente deux expériences qui vont te permettre de justifier le nom qui lui est donné.

❷ Dessine tes deux expériences (utilise un élevage pour chacune des expériences).

Résultat de l'expérience 1 : ....

....

Résultat de l'expérience 2 : ....

....

Pourquoi appelle-t-on cet insecte le ténébrion ? ....

....

Nom : .... Date : ....

De la fleur au fruit : la cerise

1 DATE : ....

Dessine une fleur de cerisier vue de profil, après lui avoir enlevé deux pétales.

Légende-la en utilisant tes connaissances (voir fiche 15).

2 DATE : ....

Les fleurs du cerisier ont fané.

Quelle partie est tombée ? ....

Quelle partie est « desséchée » ? ....

Quelle partie est verte et « gonflée » ? ....

Regarde et dessine la coupe de la partie qui a grossi.
Tu sais qu'un ovule peut donner une graine. D'après le dessin que tu viens de faire, combien y aura-t-il de graines dans ta cerise ?

....

3 DATE : ....

Les cerises sont mures. Ouvres-en une. Combien y a-t-il de noyaux ?

....

Donc, c'est bien .... qui permet la formation de la graine.

Quelle partie a gonflé pour donner la chair rouge du fruit ? ....

– Colorie en marron le noyau et la partie de la fleur qui a permis sa formation.

– Colorie en rouge la chair du fruit et la partie de la fleur qui a permis sa formation.

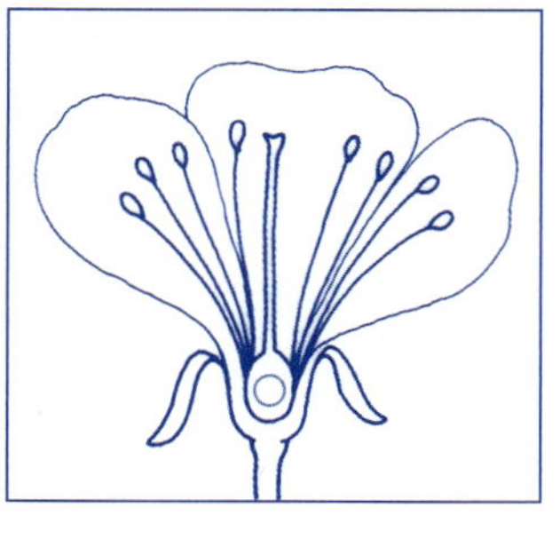

Nom : .... Date : ....

Pour t'aider

Le calice : autour des pétales, il y a des petites feuilles vertes.
Elles existent chez beaucoup de fleurs. Ce sont les **sépales,** dont l'ensemble forme le **calice.**

Le pollen : il est constitué de minuscules grains, **les grains de pollen,** qui jouent le même rôle que les spermatozoïdes lors de la fécondation.

Pour aller plus loin

À quoi servent les grains de pollen ?

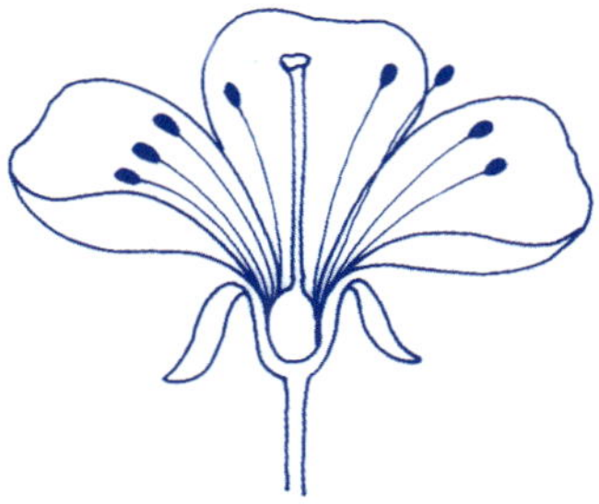

Expérience :

On enlève les étamines à deux fleurs de cerisier.
On dépose du pollen sur le pistil de la fleur de l'expérience A et rien sur celui de l'expérience B.
On recouvre les deux fleurs d'une gaze afin d'empêcher le pollen d'autres fleurs d'aller sur le pistil.
Les résultats obtenus sont représentés sur les dessins.

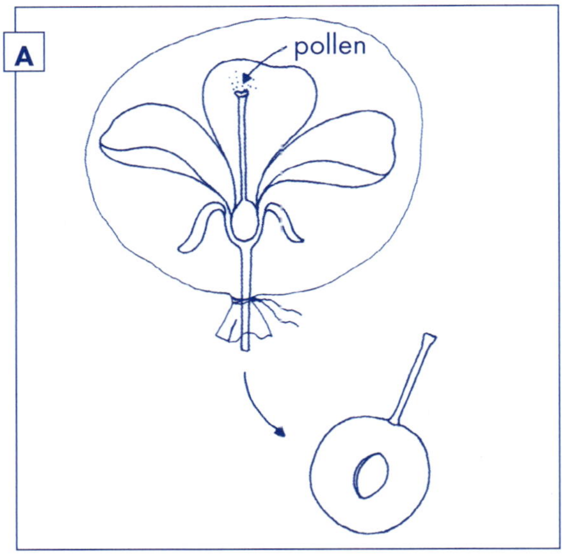

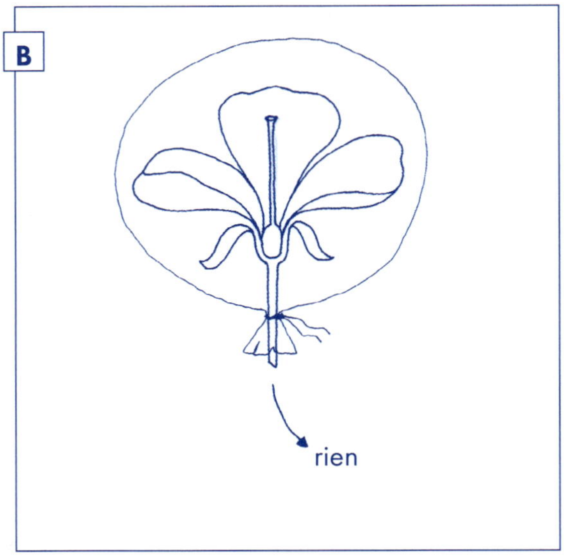

Ces expériences m'apprennent que .... sont nécessaires à la formation de la cerise.

Conclusion

La graine s'est formée suite à la rencontre entre un .... libéré par l'organe sexuel mâle, l' .... et un .... contenu dans l'organe sexuel femelle, le ....
Cette rencontre est appelée **fécondation**, et permet la formation d'une **graine** qui en germant donnera une nouvelle plante.

Nom : .... Date : ....

La reproduction du grillon

Tu vas essayer, à partir de tes observations, de classer par groupes les grillons de l'élevage de la classe pour déterminer lesquels peuvent se reproduire.

1 Quelle différence observes-tu entre les plus gros des grillons et les petits ?

....

Cela va te permettre de reconnaitre les adultes qui peuvent se reproduire.
Ce sont les .... grillons.

2 Pour la reproduction, il faut un mâle et une femelle.
À partir de tes observations et du texte ci-dessous, indique le sexe de chacun des grillons dessinés.

Pour la femelle, colorie la partie de son corps qui lui permet de pondre.

Pour le mâle, indique, sous le dessin, son comportement pour attirer la femelle.

Sexe : ....

Sexe : ....

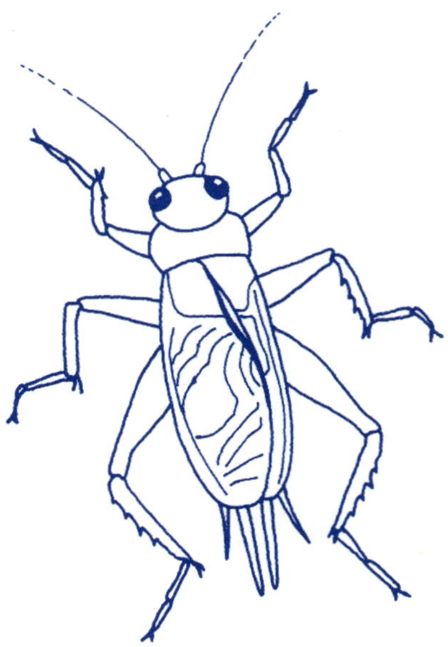

Comportement : ....

*« Suite à leur rencontre, les grillons mâle et femelle s'accouplent.
Quelques semaines plus tard, on peut voir l'un des grillons pondre de petits œufs blancs dans la terre humide. Il les enfonce à l'aide de sa tarière, qui est un long tube de ponte qu'il porte à l'extrémité de son abdomen. »*

Nom : ....

Date : ....

Conclusion

Lors de la reproduction, le grillon .... attire le grillon .... en ....

Peu de temps après ils s'accouplent et, quelques jours plus tard, le grillon .... pond des œufs.

Le grillon pond des œufs, c'est un ....

Pour aller plus loin

❶ Voici un groupe de grillons.

Entoure en jaune ceux qui peuvent se reproduire et en rouge ceux qui ne le peuvent pas.

Rassemble par deux les couples reproducteurs en les entourant en bleu.

Quel est le sexe du grillon qui se retrouve seul ? ....

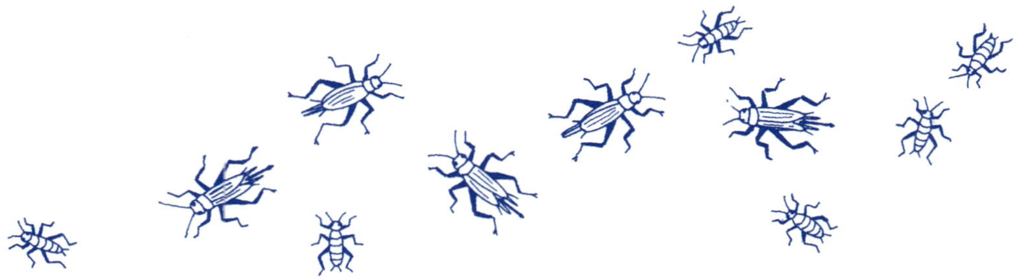

❷ **Entoure en bleu les animaux ovipares, en rouge les animaux vivipares.**

Nom : ....   Date : ....

Le développement du grillon

1 Des œufs viennent d'éclore. Qu'en sort-il ? (Entoure en vert la bonne réponse.)

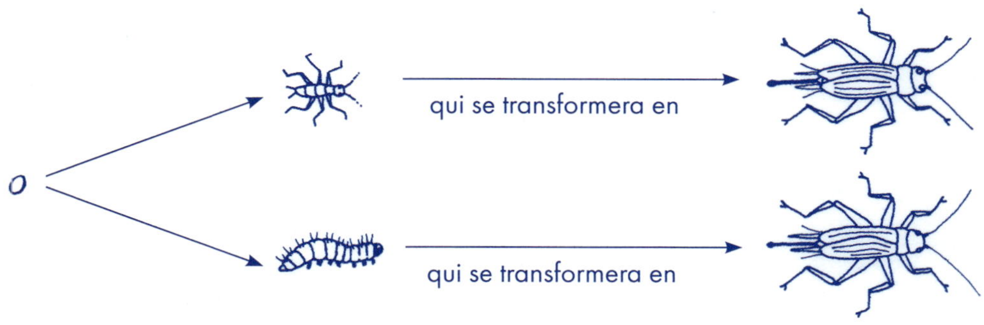

Le grillon subit donc une métamorphose ....
(Voir *Pour t'aider*)

2 Observons la croissance des grillons.
Isole trois grillons dans des boites de tailles différentes pour observer leur croissance.
Mesure-les à l'aide d'une règle une fois par semaine pendant quatre semaines.
Trace dans chaque case un trait horizontal égal à la taille du grillon.

Grillon 1				
Grillon 2				
Grillon 3				

Observe tes résultats. Les grillons grandissent-ils régulièrement ?

....

Donc leur croissance est : – discontinue (= irrégulière) ;
– continue (= régulière).
(Raye la mauvaise information.)

3 Les grillons sont recouverts d'une cuirasse très dure, qui n'est pas élastique, comme notre peau. Il ne peut donc pas grandir de façon continue.

Alors comment fait-il ? ....

Conclusion

Le grillon est un insecte qui subit une métamorphose ....
Sa croissance est .... car sa « cuirasse » est dure.
Il s'en débarrasse lors de la ....

Nom : .... Date : ....

Pour t'aider

Les insectes peuvent se développer de deux façons différentes :

La métamorphose progressive

La transformation (ou métamorphose) des insectes se fait progressivement.
À la naissance, le jeune ressemble beaucoup à l'adulte (exemple : ***la sauterelle***).

La métamorphose complète

La transformation en adulte se fait d'un seul coup. Le jeune issu de l'œuf (exemple : *la chenille*) est très différent de l'adulte. Il se transforme en nymphe immobile qui va ensuite se métamorphoser en adulte (exemple : *le papillon*).

œuf ——→ chenille ——→ nymphe ——→ papillon

Pour aller plus loin

Ces dessins représentent le développement d'un grillon et d'une sauterelle.

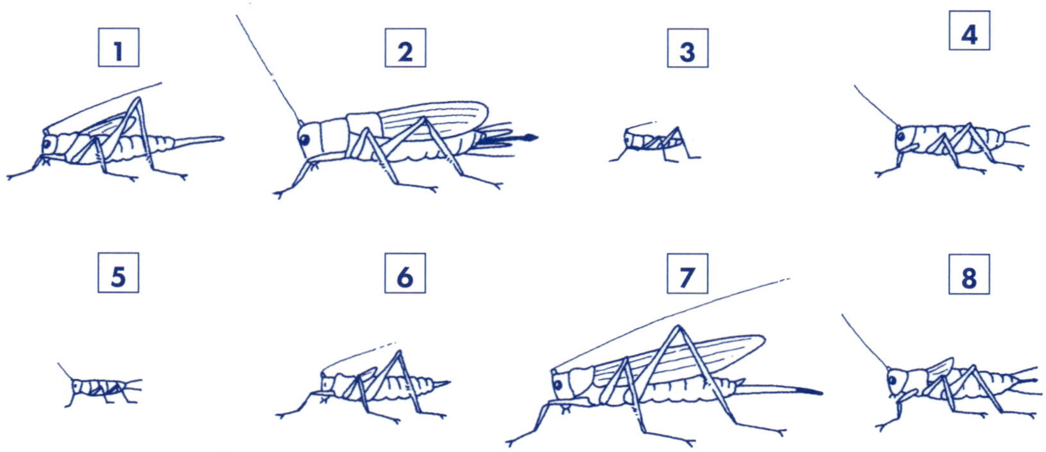

Retrouve les dessins qui correspondent à la sauterelle et au grillon, puis classe-les dans le bon ordre (du plus jeune à l'adulte).

Sauterelle : numéros ...., ..., ..., ...

Grillon : numéros ...., ..., ..., ...

Nom : .... Date : ....

De l'enfant à l'adulte : la puberté

1 Les changements de la femme lors de la puberté

a) Les changements physiques : l'aspect extérieur du corps

Après avoir comparé le dessin de l'enfant et de la femme, indique à l'aide de flèches les parties du corps qui subissent un changement et décris ces changements (pas de poils / apparition de poils, hanches étroites / larges...).

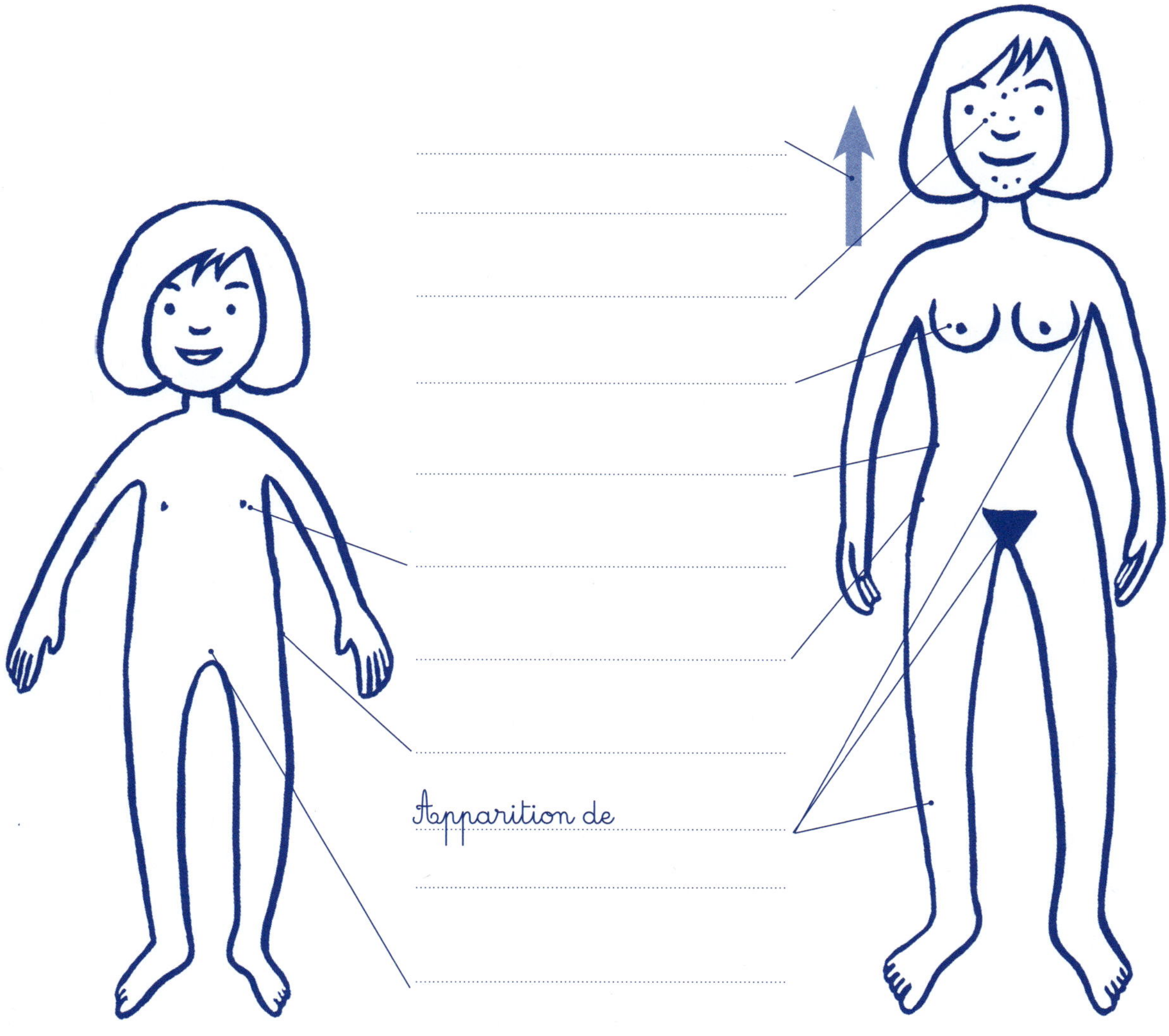

b) Les changements à l'intérieur du corps

Les deux principaux changements qui se déroulent dans le corps de la femme à la puberté sont :

– la fabrication de ....

– l'apparition de ....

Nom : .... Date : ....

❷ Les changements de l'homme lors de la puberté

a) Les changements physiques : l'aspect extérieur du corps

Après avoir comparé le dessin de l'enfant et de l'homme, indique à l'aide de flèches les parties du corps qui subissent un changement et décris ces changements (pas de poils / apparition de poils, épaules étroites / larges...).

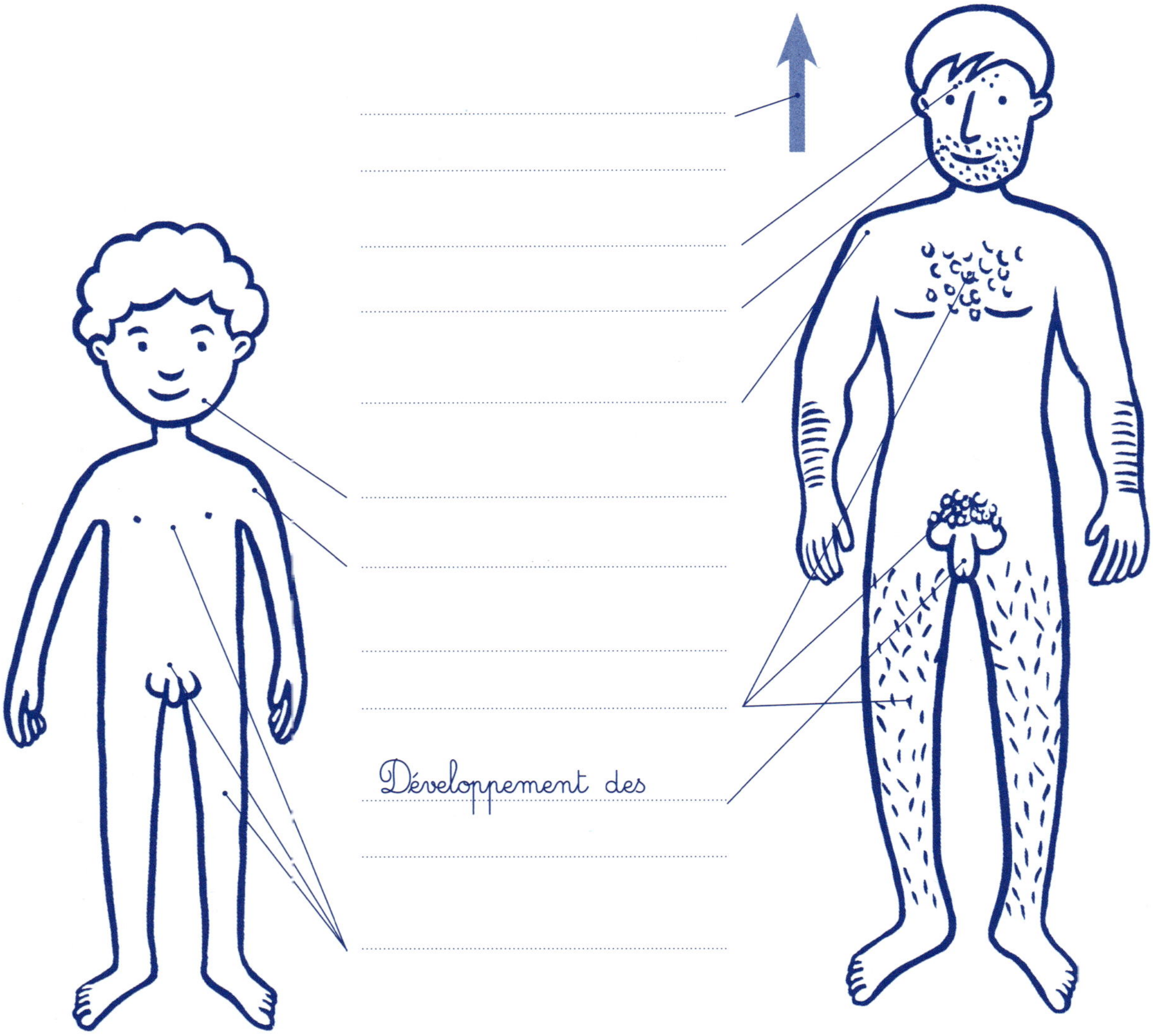

b) Les changements à l'intérieur du corps

Les deux principaux changements qui se déroulent dans le corps de l'homme à la puberté sont :

– la fabrication de ....

– ....

Nom : .... Date : ....

L'évolution des objets : l'aspirateur

❶ Observe différents modèles d'aspirateur.

a) Place correctement les modèles d'aspirateur sur la frise historique en reliant leur photographie à leur date d'apparition.

b) Donne un nom à chacun des aspirateurs à partir des propositions ci-dessous :

Aspirateur traineau / Aspirateur sans sac / Robot aspirateur / L'un des premiers aspirateurs / Aspirateur balai / Aspirateur balai sans fil

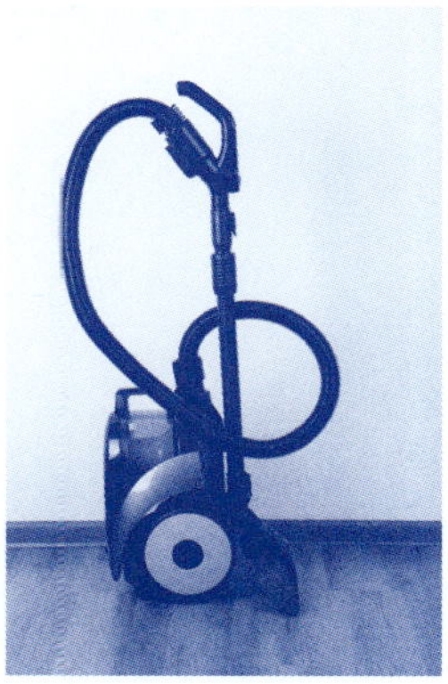

....
....

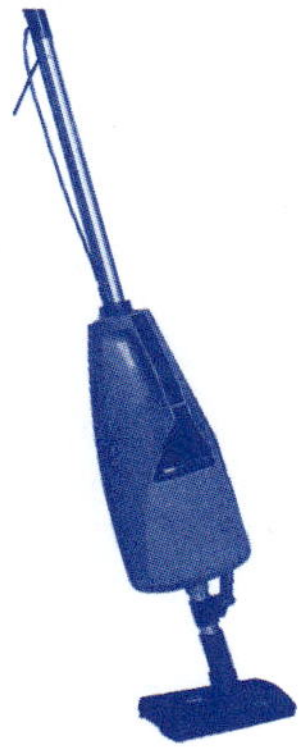

....
....

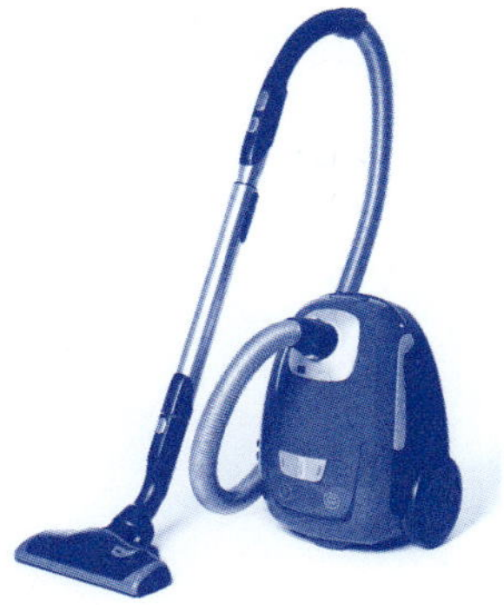

....
....

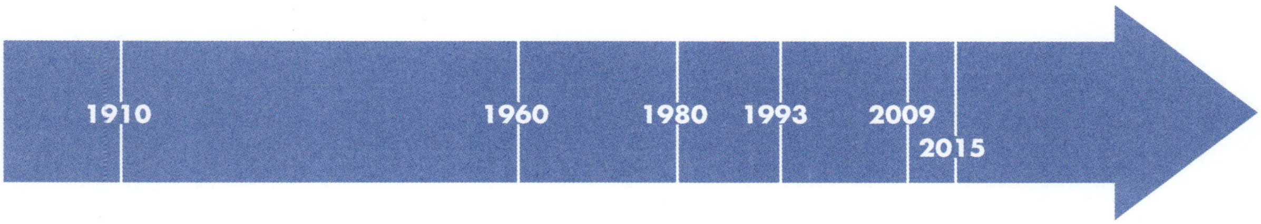

....
....

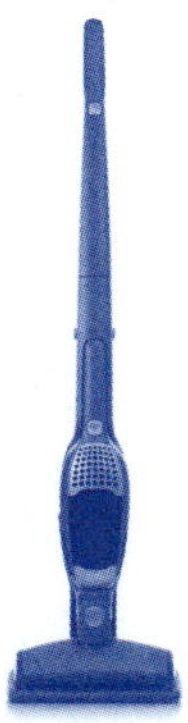

....
....

....
....

Nom : .... Date : ....

❷ Précise pour chaque appareil quelle est sa principale innovation.

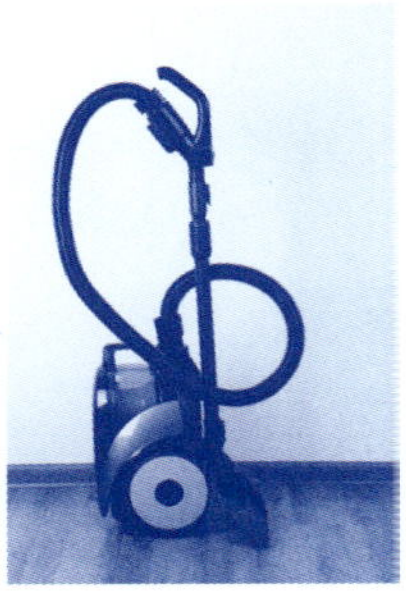

Aspirateur sans sac

....

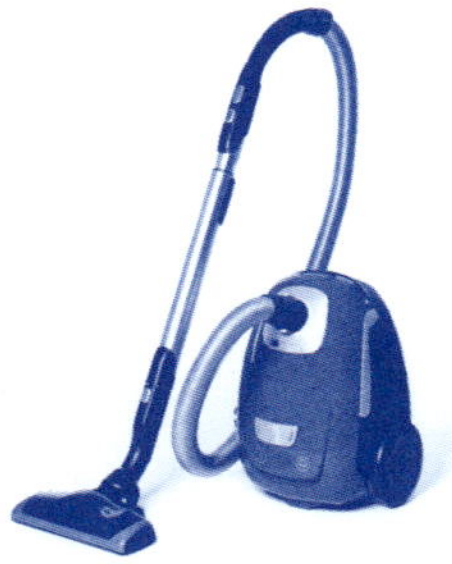

Aspirateur traineau

....

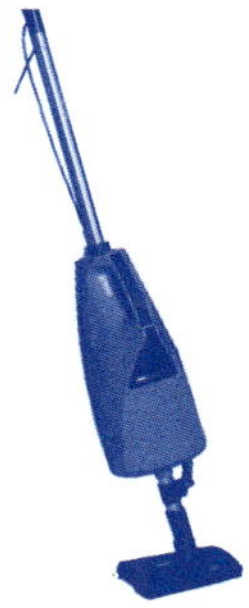

Aspirateur balai

....

Robot aspirateur

....

Aspirateur balai sans fil

....

L'un des premiers aspirateurs

....

Conclusion

Retrace l'histoire de l'aspirateur en indiquant dans chaque case son nom, l'année de son apparition et la ou les innovations apportées.

Nom : ....
Année : ....
Innovation : ....
Problème : ....

→

Nom : ....
Année : ....
Innovation : ....
Problème : ....

→

Nom : ....
Année : ....
Innovation : ....
Problème : ....

↓

Nom : ....
Année : ....
Innovation : ....
Problème : ....

←

Nom : ....
Année : ....
Innovation : ....
Problème : ....

←

Nom : ....
Année : ....
Innovation : ....
Problème : ....

Nom : .... Date : ....

Fiche 32a

Le fonctionnement d'un objet technique : la lampe de poche

❶ Quels sont les éléments nécessaires pour fabriquer un objet qui permet d'éclairer le chemin lors d'une promenade nocturne ?

....

....

....

....

❷ Réalise le montage de ta « lampe de promenade » à l'aide des éléments proposés.
Quels sont les problèmes que tu vas rencontrer lors de ta promenade si tu l'utilises ?

....

....

....

....

❸ Relie chaque partie de la lampe de poche à sa légende.

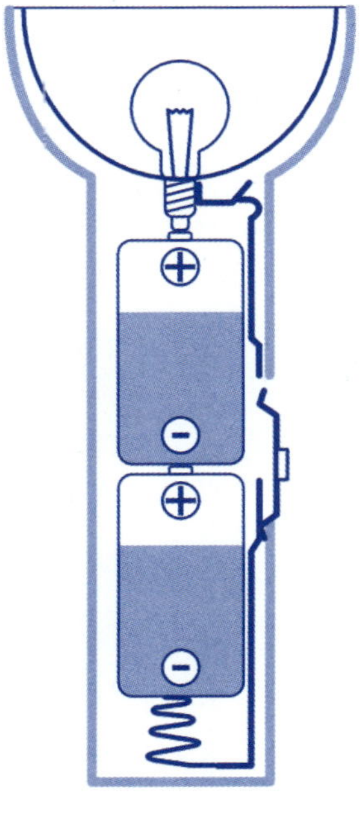

- ampoule
- piles
- interrupteur
- boitier
- lames métalliques
- miroir

Nom : .... Date : ....

❹ Dessine chaque partie de la lampe de poche dans la case « solution technique » à laquelle elle correspond.

« Je rends plus pratique l'utilisation de la lampe. »	« Je produis le courant électrique. »

« Je produis une lumière de bonne qualité. »

Conclusion

Complète le tableau qui résume les problèmes rencontrés et les solutions utilisées pour la fabrication de la lampe de poche.

Contraintes rencontrées	Solutions
....	....
....	.... – .... – .... – ....
....	....

Nom : .... Date : ....

À chacun son moule à tarte !

Nour, Ennio et Nicolas sont des cuisiniers exigeants. Chacun veut un moule à tarte qui répond à ses exigences.
Nour : « Je veux un moule à tarte incassable, qui n'attache pas, pour lequel la tarte se démoule facilement car il est souple et qui peut aller dans tous les types de four (traditionnel et microonde). »
Ennio : « Je veux un moule à tarte rigide, dans lequel je peux découper, qui est décoratif et qui va dans tous les types de four. »
Nicolas : « Je veux un moule à tarte rigide et incassable, qui n'attache pas. »

1 Relie chaque prénom aux caractéristiques du moule désiré.

NOUR

ENNIO

NICOLAS

- rigide
- souple
- résistant à la lame d'un couteau
- décoré
- antiadhésif
- utilisable dans tous les types de four
- incassable

Nom : ....

Date : ....

❷ Voici différents types de matériaux que l'on peut utiliser pour fabriquer un moule à tarte.

- **Céramique :** résiste aux hautes températures, étanche, supporte tous les modes de chauffage, résistant à la lame d'un couteau, rigide, peut être décoré, fragile (se casse facilement), attache s'il n'est pas graissé.
- **Métal antiadhésif** : résiste aux très hautes températures, étanche, incassable, rigide, n'attache pas, ne va pas au four à micro-ondes. Ne résiste pas à la lame d'un couteau, peu décoratif.
- **Silicone alimentaire :** résiste aux très hautes températures, étanche, souple, n'attache pas, incassable, ne résiste pas à la lame d'un couteau, va dans tous les types de four, peu décoratif.

a) Quels sont les points communs à ces trois matériaux ?

.... et ....

Pourquoi ? ....

....

b) En fonction de ses caractéristiques, quel matériau vas-tu utiliser pour fabriquer chacun des moules demandés par Nour, Ennio et Nicolas ? Précise ensuite quels sont les avantages et les inconvénients des moules utilisés.

Moule de Nour	Matériau : .... Avantages : .... Inconvénients : ....
Moule d'Ennio	Matériau : .... Avantages : .... Inconvénients : ....
Moule de Nicolas	Matériau : .... Avantages : .... Inconvénients : ....

Conclusion

Indique toutes les caractéristiques du matériau idéal pour la fabrication d'un moule à tarte.

....

....

Le ventilateur électrique à pile

1 Observe le ventilateur et légende les différentes parties observées.

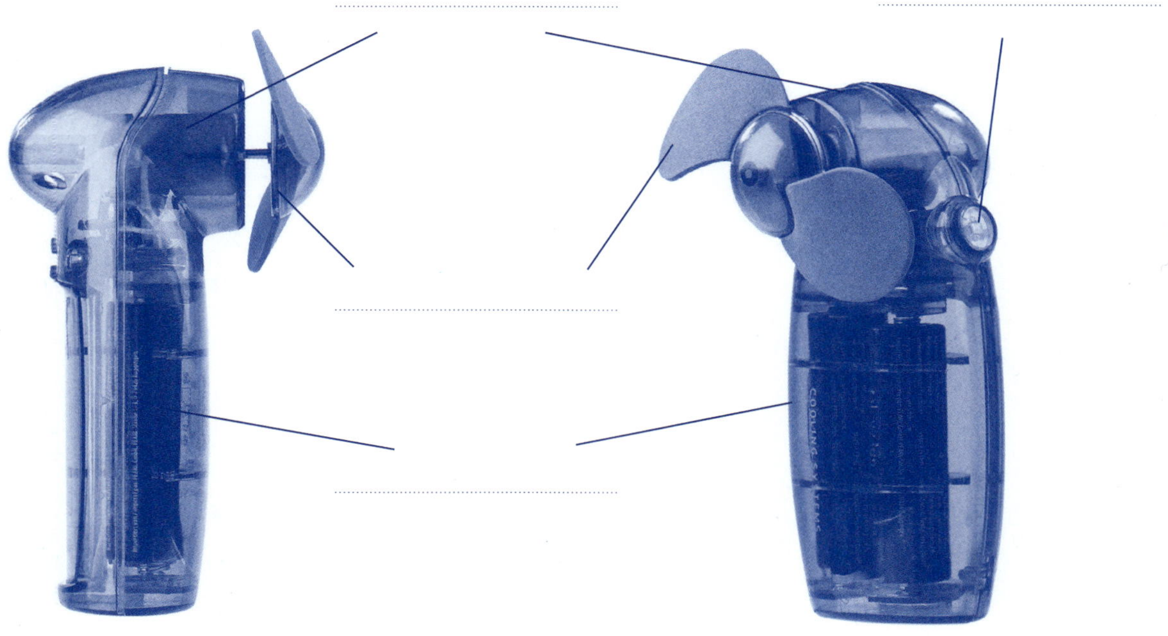

2 Essaye de comprendre son fonctionnement afin de lister les principaux éléments qu'il doit contenir.
Précise le rôle de chacun dans le tableau ci-dessous.

Éléments					
Rôle					

Nom : ....

Date : ....

❸ Lorsque tu appuies sur l'interrupteur, tu fermes le circuit électrique, ce qui permet à l'électricité donnée par la pile de circuler et de fournir l'énergie au fonctionnement du moteur qui, en tournant, met en mouvement les pales.
À l'intérieur du ventilateur, imagine l'organisation des différents éléments qui le composent en les situant puis en les reliant entre eux.
Dessine-les sur le schéma puis légende-les.

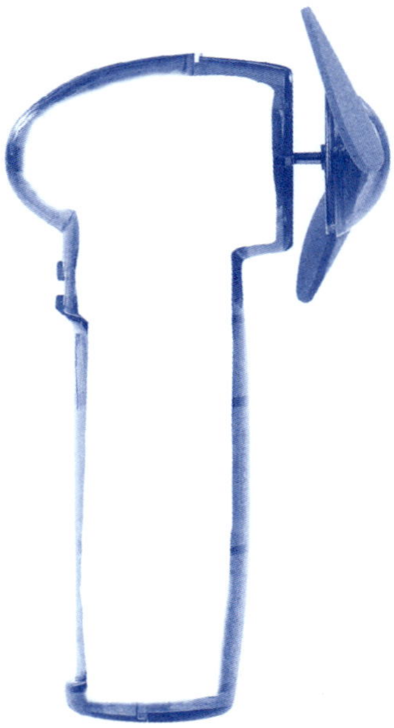

❹ **En utilisant les symboles suivants, représente le circuit électrique qui permet le fonctionnement du ventilateur.**

SYMBOLES :

 : symbole pour représenter un fil électrique

 : symbole pour représenter une pile

 : symbole pour représenter un interrupteur

 : symbole pour représenter un moteur

Nom : .... Date : ....

Fabriquer et faire décoller une fusée

1 Préparation du matériel

Observe la fusée que tu dois fabriquer et écris la liste du matériel nécessaire pour la construire, en le classant en 3 groupes :

Matériel pour la construction :	Matériel pour faire décoller la fusée :	Outils nécessaires :
–	–	– ....
–	–	– ....
–	–	– ....
–	–	– ....
–	–	– ....

2 Construction de la fusée

a) Découpe dans le carton un cercle de 10 centimètres de rayon et coupe un rayon sur toute sa longueur, de manière à former un cône qui constituera la pointe de la fusée.

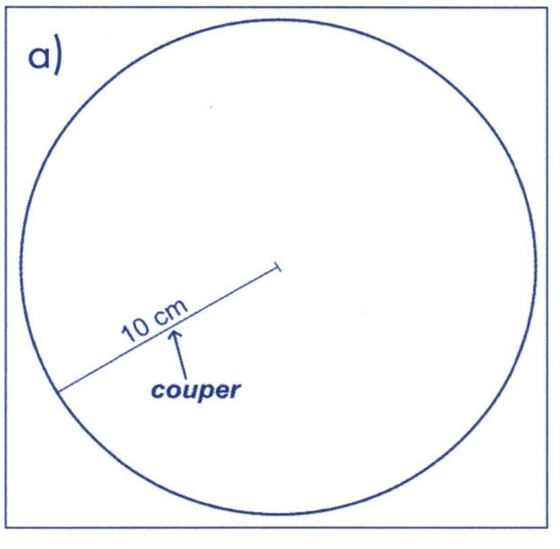

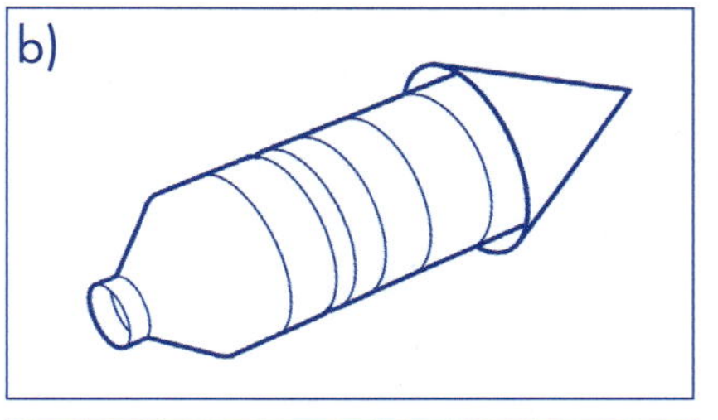

b) Ajuste ce cône sur le culot de la bouteille puis scotche-le.

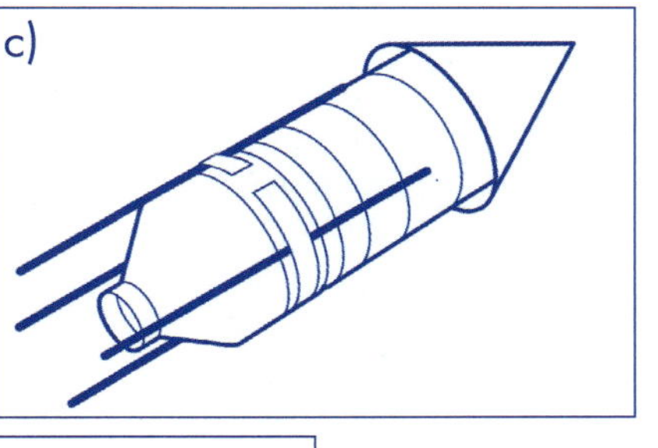

c) Scotche les 4 baguettes du côté du goulot de la bouteille de manière à ce que tu puisses la poser sur le sol de façon bien stable.

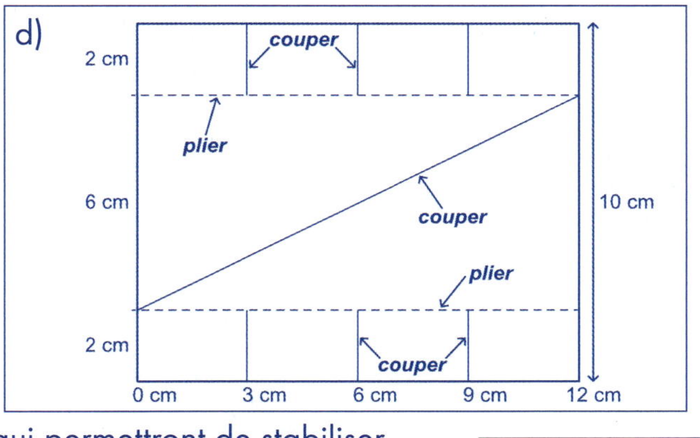

d) Fabrique 4 ailerons qui permettront de stabiliser la fusée durant le vol.

e) Les scotcher en alternance avec les brochettes, comme indiqué sur le dessin.

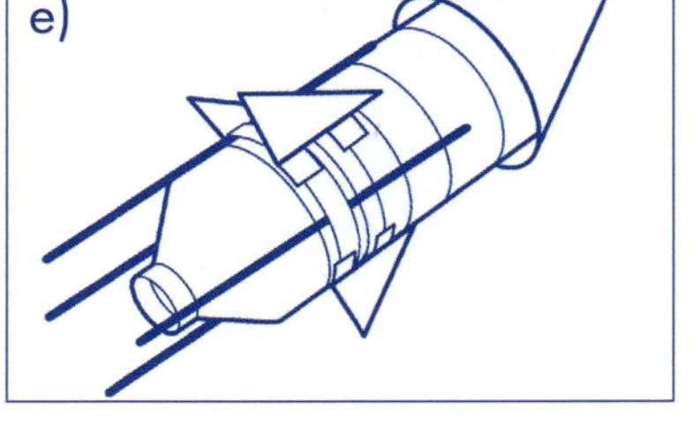

La structure de la fusée est prête.

Fiche 35b

Nom : .... Date : ....

3 Construction du système de décollage

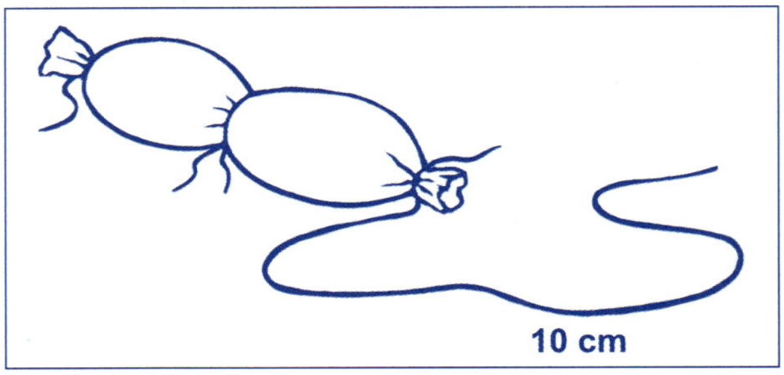

Prends une feuille de papier toilette et dépose au centre 3 cuillères de bicarbonate de soude.
Roule la feuille pour former un petit boudin qui sera fermé aux deux extrémités avec de la ficelle. Sur l'un des côtés, il doit rester 10 centimètres de ficelle. Consolide le boudin en nouant de la ficelle au milieu de celui-ci.

4 Étapes pour le décollage de la fusée

Verse dans la bouteille 200 ml de vinaigre à l'aide du verre doseur.
Referme la bouteille avec le bouchon, en gardant bien la fusée le cône vers le bas.
Retourne-la et secoue deux fois, pause la fusée et éloigne-toi rapidement.
Attention au décollage !

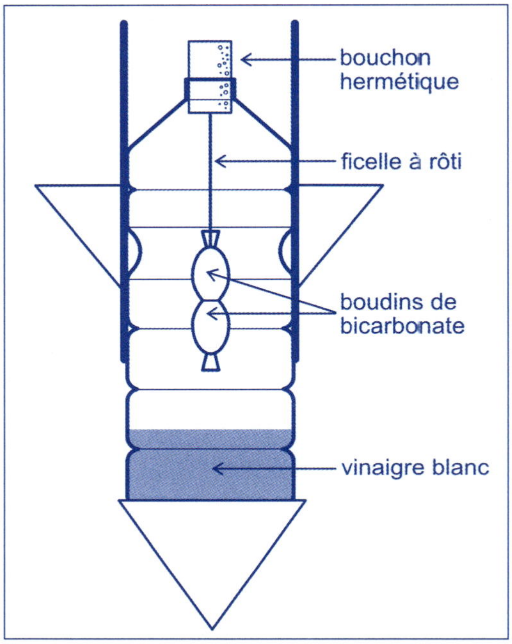

5 Pourquoi la fusée décolle-t-elle ?

Mets un peu de vinaigre au fond d'un verre. Ajoute une demi-cuillère à café de bicarbonate de sodium.
Que se passe-t-il ?

....

....

....

....

Comment expliquer le décollage de la fusée ?

....

....

....

....

Nom : .... Date : ....

L'ouverture de portes automatiques

❶ Une information qui déclenche une action

Tu viens d'entendre ton réveil sonner, ce qui déclenche ton lever du lit.

Quelle information as-tu reçue ?

....

Quel récepteur de ton corps a capté cette information ?

....

Quelle partie de ton corps a analysé cette information et créé une réponse ?

....

Quelle partie de ton corps réagit par une réponse ?

....

Comment a circulé l'information dans ton corps ?

....

Complète le schéma afin de montrer la chaine d'information et d'action.

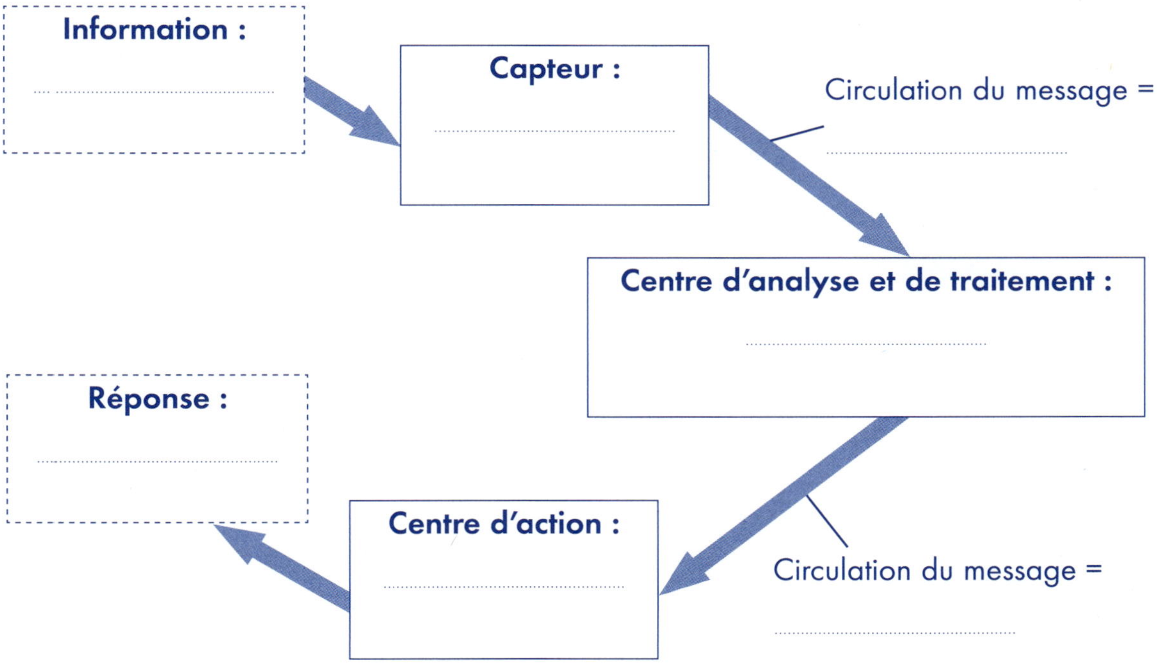

Nom : .... Date : ....

❷ **Chaine d'ouverture de portes automatiques.**

a) Complète les légendes du schéma en nommant les différents éléments de la chaine de fonctionnement et en précisant leur rôle, grâce au vocabulaire proposé ci-dessous.

Éléments : moteur, fils électriques, capteur de mouvement, enfant, boitier de contrôle.

Rôles : information, réponse, centre d'analyse et de traitement, centre d'action, capteur, circulation du message.

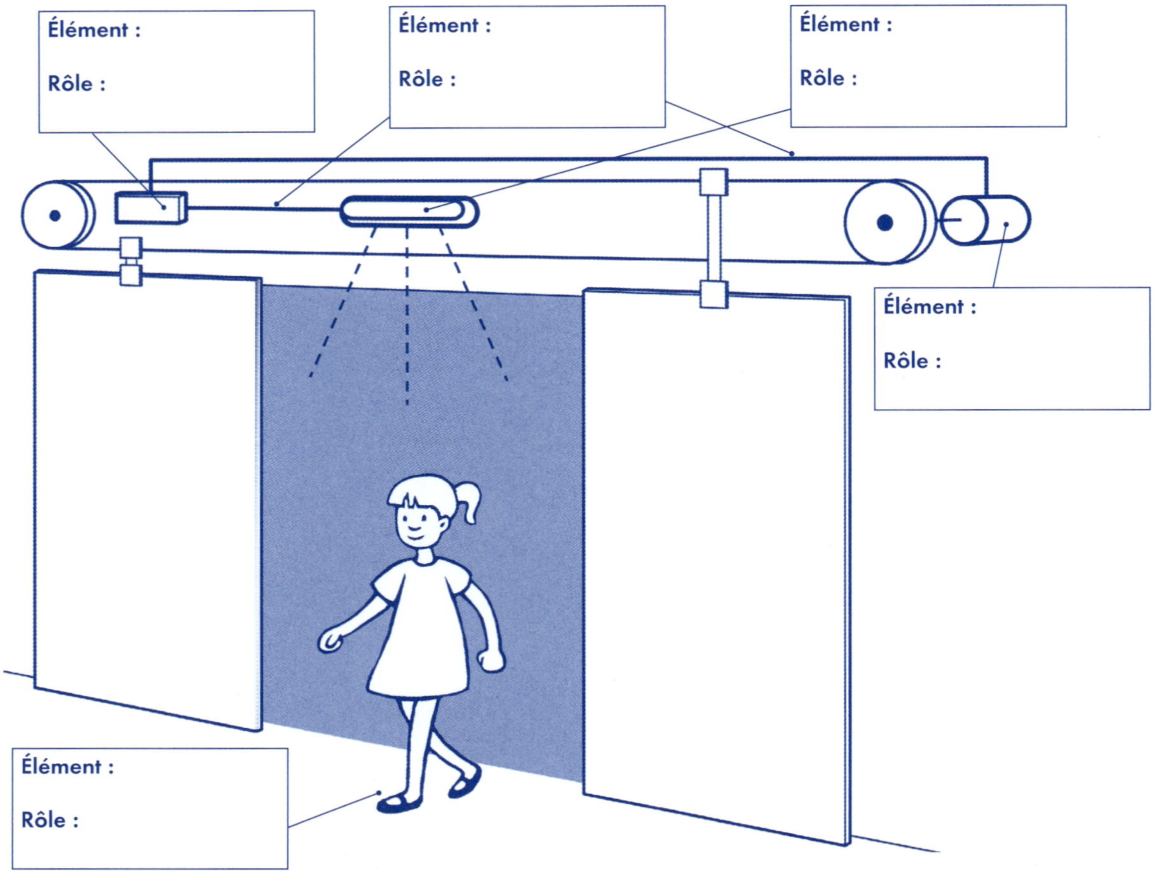

b) Complète le schéma afin de montrer la chaine d'information et d'action.

Information :
....
....

Capteur :
....
....

Circulation du message =
....

Centre d'analyse et de traitement :
....

Circulation du message =
....

Centre d'action :
....

Réponse :
....
....

Nom : ....   Date : ....

Les deux types d'éruptions volcaniques

1 Expérience 1a : mettre dans la boite une cuillère à soupe d'eau, y ajouter une cuillère à café de bicarbonate de soude. Compléter jusqu'à 3-4 millimètres du col avec le vinaigre.

Décris et schématise le résultat observé.

Description

....

....

....

....

....

....

Schématisation

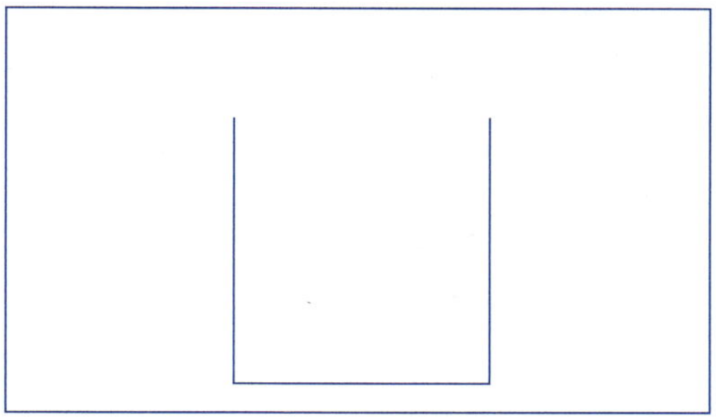

Expérience 1b : réalise la même expérience mais en mettant le bouchon troué.

Que se passe-t-il ? ....

Comment l'expliquer ? ....

....

2 Expérience 2a : mettre dans la boite une cuillère à soupe d'eau, y ajouter une cuillère à café de bicarbonate de soude et une demi-cuillère de flocons de purée. Compléter jusqu'à 3-4 millimètres du col avec le vinaigre.

Décris et schématise le résultat observé.

Description

....

....

....

....

....

....

Schématisation

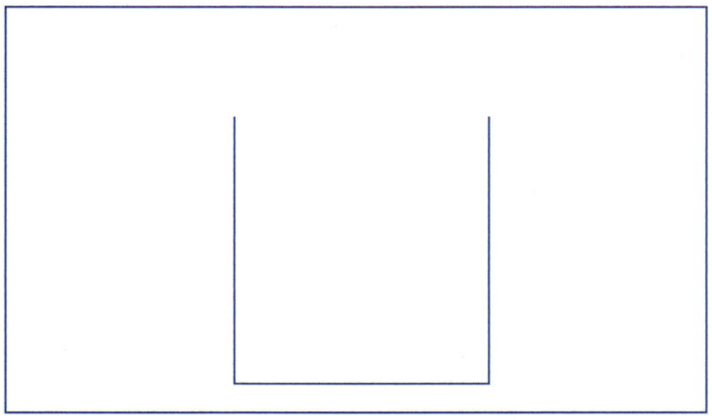

Expérience 2b : réalise la même expérience mais en mettant le couvercle troué.

Que se passe-t-il ? ....

Comment l'expliquer ? ....

....

Nom : .... Date : ....

❸ Associe chacune des expériences réalisées à l'un des deux types de volcan représentés ci-dessous et justifie ton choix.

Le volcan effusif

Les volcans effusifs ont une lave fluide, qui s'écoule bien, et leurs gaz s'échappent facilement.
Ce sont les moins dangereux (exemple : le Stromboli, iles Éoliennes, Italie).

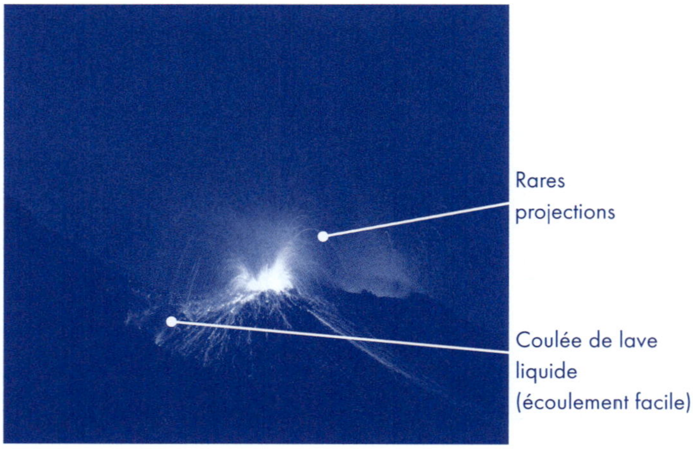

Il correspond à l'expérience n° .... car ....

....

Le volcan explosif

Les volcans explosifs ont une lave visqueuse (pâteuse) qui s'écoule difficilement et leurs gaz s'échappent difficilement.
En s'accumulant ils sont à l'origine de violentes explosions et de nuées ardentes. Ce sont les plus dangereux (exemple : la montagne Pelée à la Martinique).

Il correspond à l'expérience n° .... car ....

....

Conclusion

Caractéristiques des volcans effusifs : ....

....

Caractéristiques des volcans explosifs : ....

....

Nom : .... Date : ....

Les tsunamis

1 a) Observe bien la vidéo et réponds aux questions.

Qu'est-ce qu'un tsunami ?

....

Quel est le signe permettant de voir qu'un tsunami va bientôt arriver sur une côte ?

....

b) Dessine la mer en 2 et 3 pour indiquer les deux étapes d'un tsunami.

1

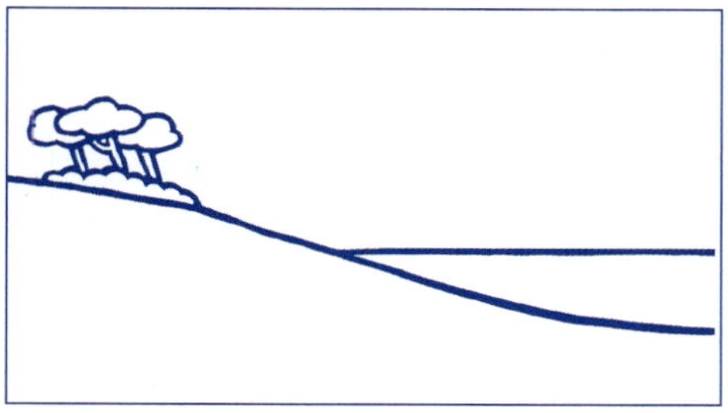

2

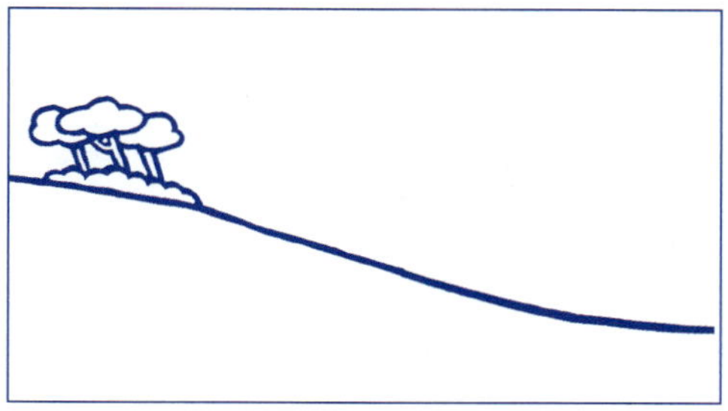

3

2 Dessine sur ce schéma de cuvette la surface de l'eau suite à un choc sous la cuvette.

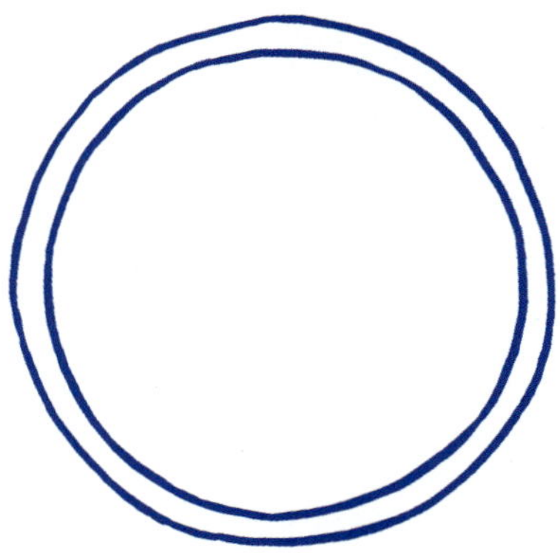

Dans la nature, quel est le phénomène qui peut être à l'origine de ce que tu as observé ?

....

Comment a pu se déclencher ce phénomène ? Émets une hypothèse.

Mon hypothèse : ....

....

Correction : ....

....

Nom : .... Date : ....

3 Pour expliquer dans un premier temps le retrait de l'eau au niveau des côtes puis l'arrivée de la série de vagues qui provoquera le tsunami, réalise le montage suivant.

• Crée sur un des bords de ton récipient une plage en y déposant des pierres, des galets, du gravier puis du sable. Remplis d'eau le récipient en laissant la plage émergée de quelques centimètres. Tu peux aussi ajouter sur la plage des briques en plastique pour représenter des bâtiments.

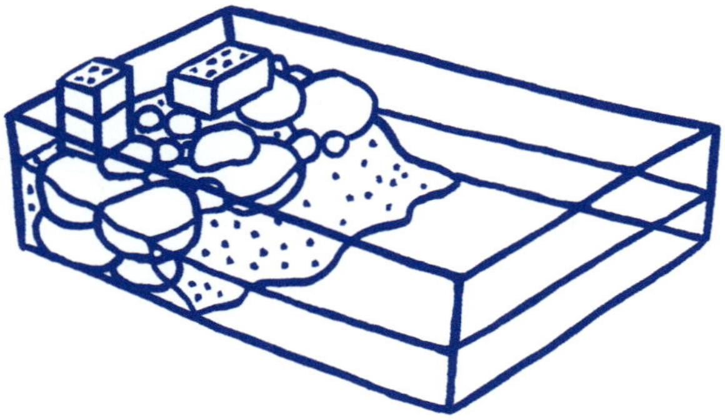

• À l'extrémité opposée à ta plage, pose la planche à plat en la maintenant au fond. Attend que l'eau se calme, puis soulève-la comme sur le dessin. Observe bien par transparence, sur le côté, l'arrivée de ta vague sur la plage.

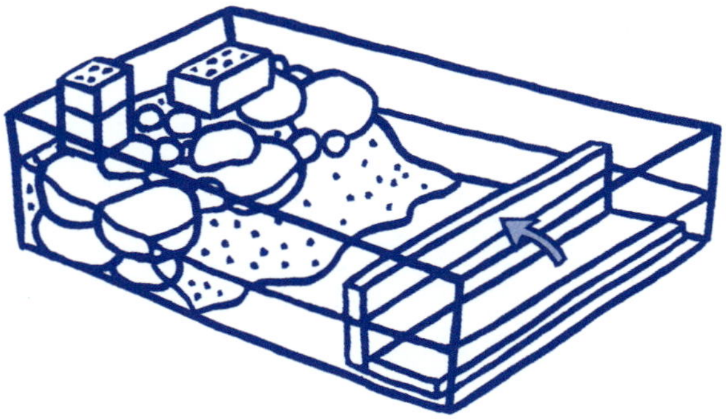

Dessine la vague juste avant son arrivée et au moment où elle arrive sur la plage. Donne un titre à chacun de tes dessins.

TITRE : ....

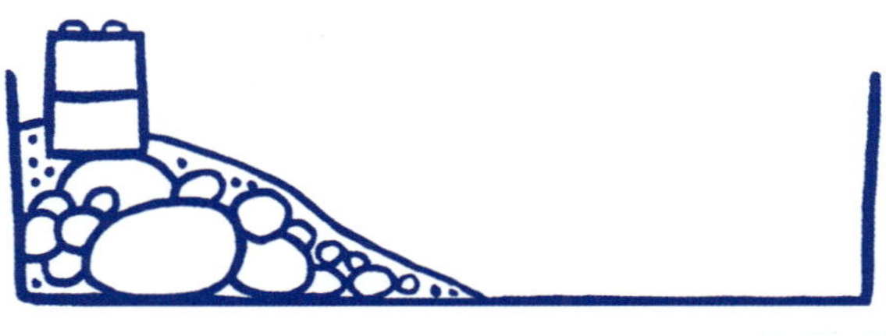

TITRE : ....

Nom : .... Date : ....

Évaluer l'intensité d'un séisme

1 • **Sur le sol ou sur une table, dispose 16 cartes par deux, comme sur le dessin.**

Écarte chaque paire d'environ .... centimètres.

• **Place-toi à côté des cartes et tape sur le sol comme indiqué ci-dessous.**

• **Sur les dessins, barre d'une croix les paires de cartes qui sont tombées.**

a) Frappe le sol d'un coup de pied faible. Λ Λ Λ Λ Λ Λ Λ Λ

b) Frappe le sol d'un coup de pied moyen. Λ Λ Λ Λ Λ Λ Λ Λ

c) Frappe le sol d'un coup de pied fort. Λ Λ Λ Λ Λ Λ Λ Λ

Que constates-tu ? ....

....

2 **Recommence le même travail en tapant fort dès la première expérience et en t'éloignant des cartes au fur et à mesure.**

a) Frappe le sol d'un coup de pied fort à 10 centimètres de la première paire de cartes. Λ Λ Λ Λ Λ Λ Λ Λ

b) Frappe le sol d'un coup de pied fort à 50 centimètres de la première paire de cartes. Λ Λ Λ Λ Λ Λ Λ Λ

c) Frappe le sol d'un coup de pied fort à 1 mètre de la première paire de cartes. Λ Λ Λ Λ Λ Λ Λ Λ

d) Frappe le sol d'un coup de pied fort à 2 mètres de la première paire de cartes. Λ Λ Λ Λ Λ Λ Λ Λ

Que constates-tu ? ....

....

Conclusion

Une maison sera probablement **détruite** si elle est ....

du séisme et si le séisme est ....

Une maison sera probablement **intacte** si elle est ....

du séisme et si le séisme est ....

Nom : .... Date : ....

Pour aller plus loin

L'intensité d'un séisme se détermine en fonction des effets ressentis.

Rétablis l'échelle d'intensité en classant les effets de 1 à 10.

Échelle d'intensité	Effets ressentis
	La plupart des gens ressentent le mouvement. Les personnes endormies sont réveillées. Les portes claquent, la vaisselle se casse, les tableaux bougent, les petits objets se déplacent, es arbres oscillent, les liquides peuvent déborder des récipients ouverts.
	La plupart des constructions s'écroulent. Les ponts s'effondrent. Les conduits souterrains sont détruits.
	Quelques personnes peuvent sentir un mouvement si elles sont au repos et/ou dans les étages élevés de grands immeubles.
	À l'intérieur, la plupart des gens ressentent un mouvement. Les objets suspendus bougent, mais aussi les fenêtres, la vaisselle, les loquets de porte.
	Tout le monde sent le tremblement de terre. La marche est troublée, les objets et les tableaux tombent, le plâtre des murs peut se fendre, les arbres et les buissons sont secoués. Des dommages légers peuvent se produire dans des bâtiments mal construits, mais aucun dommage structural n'est constaté.
	Aucun mouvement n'est perçu.
	La plupart des bâtiments et leurs fondations sont détruits. Il en est de même pour certains ponts. Des barrages sont sérieusement endommagés. Des éboulements se produisent. Les rivières sont détournées de leur lit. De larges fissures apparaissent sur le sol. Les rails de chemin de fer se courbent.
	À l'intérieur des bâtiments, beaucoup de gens sentent un léger mouvement. Les objets suspendus bougent. En revanche, à l'extérieur, rien n'est ressenti.
	Presque tout est détruit. Le sol bouge en ondulant. De grands pans de roches peuvent se déplacer.
	Les gens ont du mal à se tenir debout. Les automobilistes sentent leur voiture secouée. Quelques meubles peuvent se briser. Des briques peuvent tomber des immeubles. Les dommages sont modérés dans les bâtiments bien construits, mais peuvent être considérables dans les autres.

Nom : .... Date : ....

Les constructions parasismiques

Tu vas réaliser différentes expériences qui te permettront de découvrir les constructions les plus résistantes aux séismes.

1 a) Réalise le montage ci-dessous avec des piques en bois. Chaque pique représente une construction.

b) Déclenche un séisme en tapant du poing sur la table.

c) Dessine le résultat obtenu.

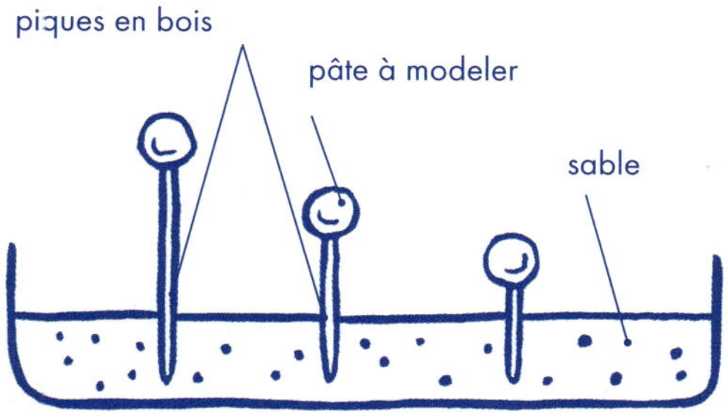

Avant le séisme

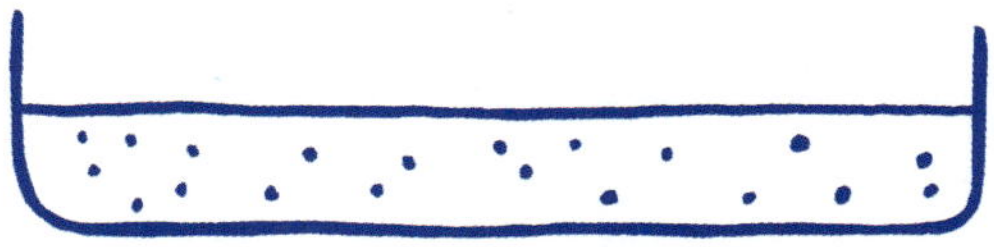

Après le séisme

Conclusion

Plus une construction est basse, ...

Plus une construction est haute, ...

2 a) Réalise ce montage avec un barreau de pâte à modeler d'environ 10 cm de hauteur et un autre identique avec des briques en plastique. Chaque barreau représente une construction. Pose-les verticalement dans le plat.

b) Déclenche un séisme.

c) Dessine le résultat obtenu.

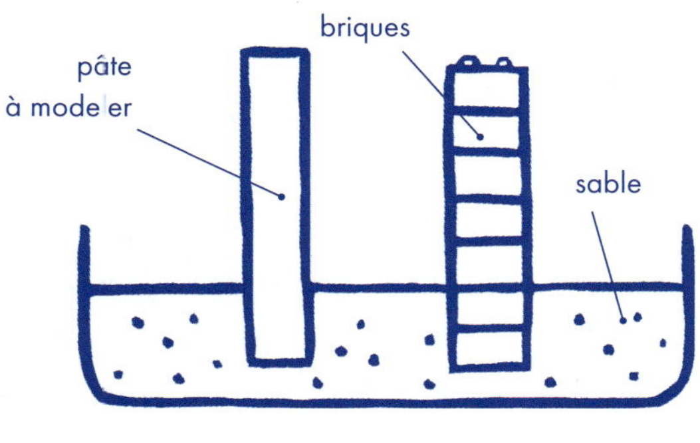

Avant le séisme

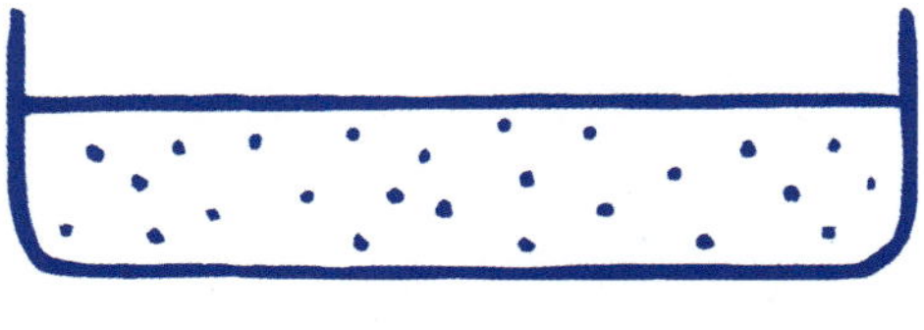

Après le séisme

Conclusion

Une construction parasismique doit être construite avec des matériaux

....

Nom : ....

Date : ....

3 a) Réalise les trois constructions selon le modèle ci-dessous.
b) Déclenche un séisme et dessine le résultat obtenu.

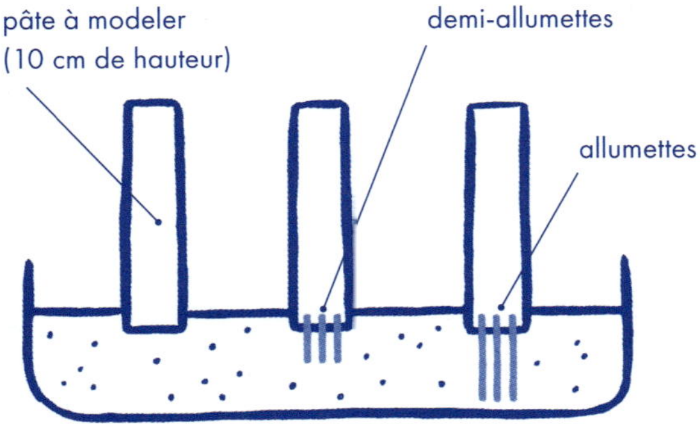

Avant le séisme

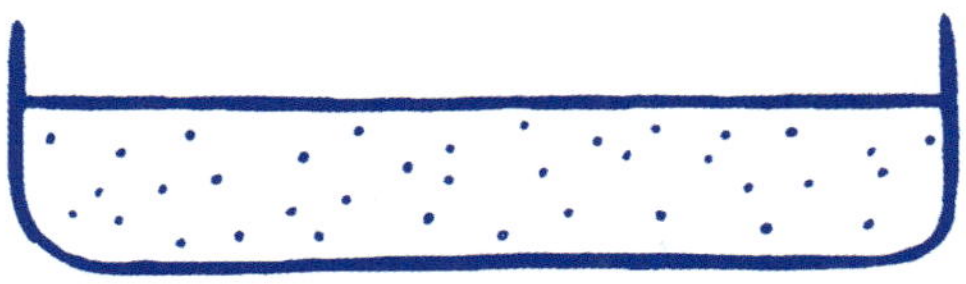

Après le séisme

Conclusion

Une construction parasismique doit avoir des fondations ....

Conclusion générale

Décris de quelle manière doit être construite une habitation parasismique.

....

....

....

Pour aller plus loin

Une piscine en haut d'un immeuble, est-ce une bonne idée dans une région sismique ?

Pour y répondre, réalise l'expérience suivante, puis déclenche un séisme.

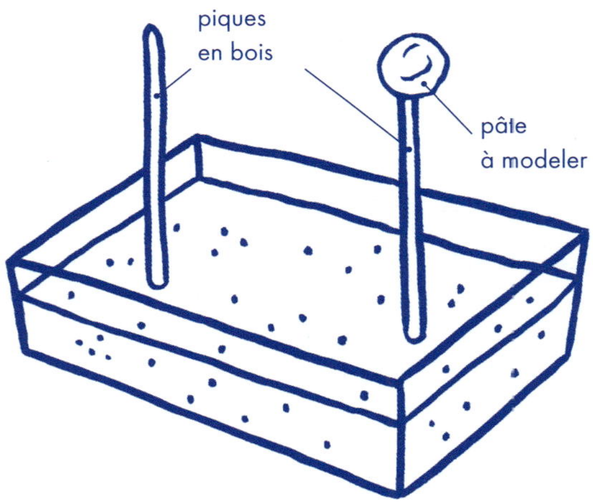

Que constates-tu ?

....

Dans cette expérience, que représente la boule de pâte à modeler ?

....

Que peux-tu en conclure ?

....

....

Les conditions de vie du cloporte

❶ Écris pour chacune des expériences proposées ce que tu cherches et justifie ta réponse.

a) Expérience n° 1 :

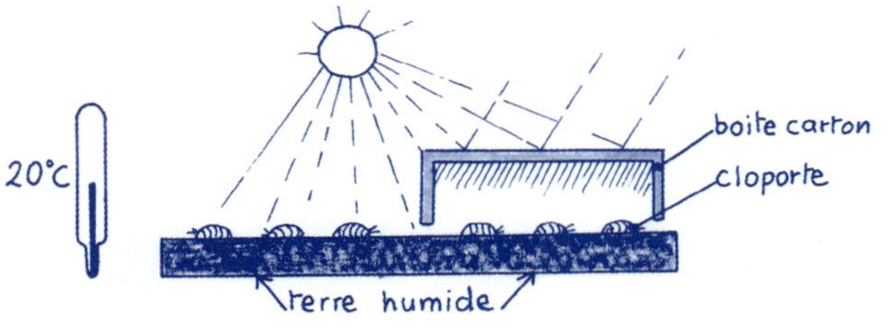

Je cherche à savoir si le cloporte aime ou n'aime pas ....

....

b) Expérience n° 2 :

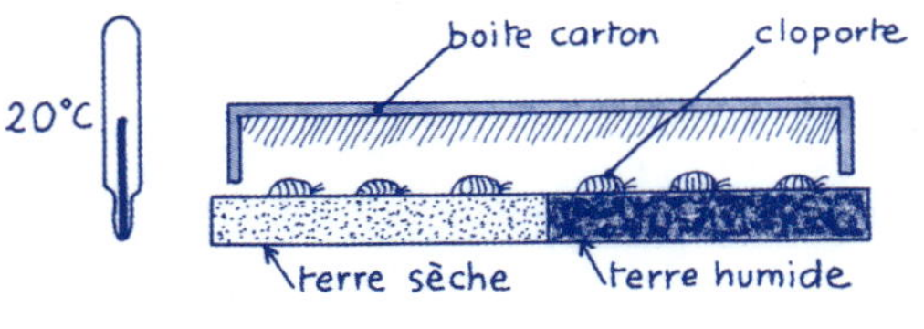

Je cherche à savoir si le cloporte aime ou n'aime pas ....

....

c) Expérience n° 3 :

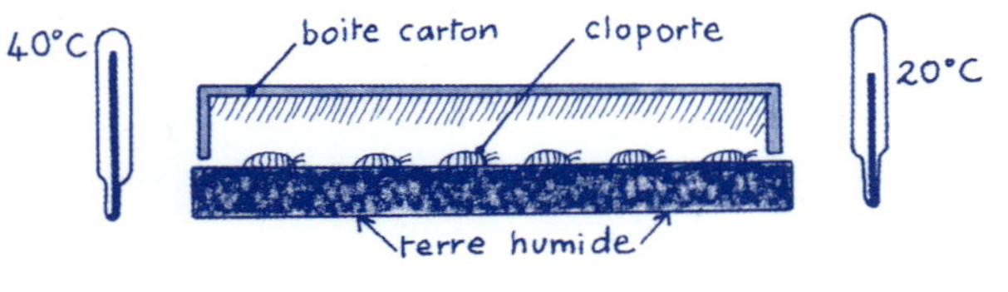

Je cherche à savoir si le cloporte aime ou n'aime pas ....

....

❷ Réalise ces expériences en répartissant au départ les cloportes sur toute la surface de la terre.

❸ Écris les résultats (voir *Pour t'aider*, fiche 41b)

a) Expérience n° 1 : Le cloporte aime ....
et n'aime pas ....

b) Expérience n° 2 : Le cloporte aime ....
et n'aime pas ....

c) Expérience n° 3 : Le cloporte aime ....
et n'aime pas ....

Conclusion

Le cloporte doit vivre dans un milieu ....

et ....

Nom : .... Date : ....

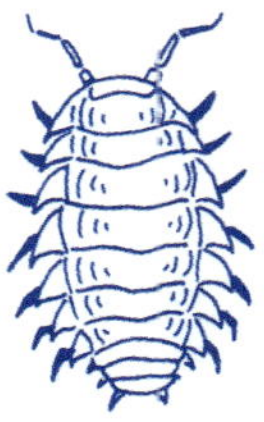

Pour t'aider

Le cloporte
Il possède 7 paires de pattes, mais c'est tout de même un crustacé.
Il est original car il vit sur la terre ferme. On le trouve sous les pierres ou les écorces de vieux troncs d'arbre.
Si on lui fait peur, il se roule en boule.

Pour aller plus loin

- **Observe bien ce dessin.**

- **Colorie en vert les chiffres des endroits où tu penses que les cloportes peuvent vivre, et en rouge ceux où tu penses qu'ils ne peuvent pas vivre.**
- **Pour chaque endroit dont tu as colorié le chiffre en rouge, explique ton choix en utilisant les informations suivantes :**

trop chaud – trop de lumière – trop sec.

Tu peux utiliser plusieurs informations pour un même endroit.

Numéro .... : ....

....

Numéro .... : ....

....

Numéro .... : ....

....

Numéro .... : ....

....

Nom : .... Date : ....

La croissance du phasme

1 Un phasme vient de naitre. Une fois par semaine, mesure sa taille en le posant sur le papier millimétré.

Dans le tableau ci-dessous, note sa taille, mesurée en centimètres.

Semaines	S1	S2	S3	S4	S5	S6	S7	S8	S9	S10	S11	S12
Taille												

Semaines	S13	S14	S15	S16	S17	S18	S19	S20	S21	S22	S23	S24
Taille												

2 Pour visualiser la croissance du phasme, reporte sur le graphique la mesure obtenue chaque semaine (S1, S2, S3...).

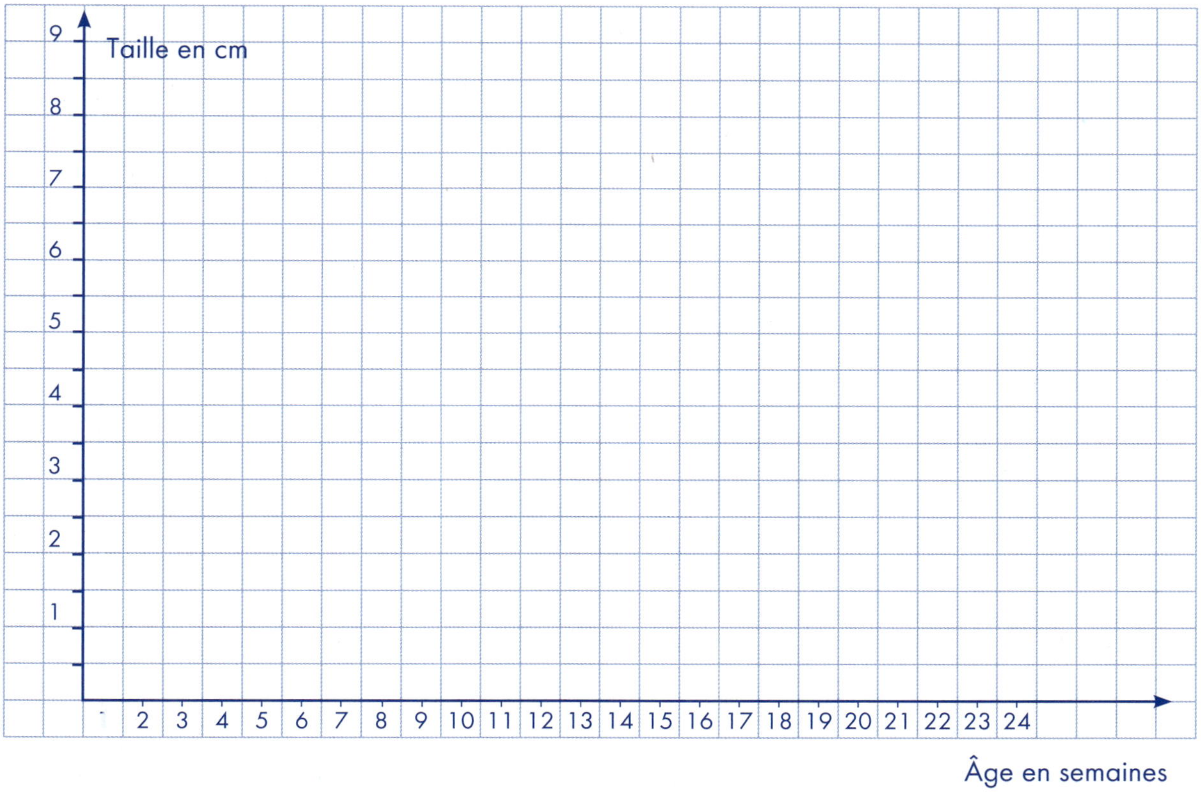

Quelle allure a obtenu le graphique ? ....

CONCLUSION

La croissance du phasme est-elle continue ou discontinue ? ....

Qu'observes-tu sur le sol du vivarium qui te permet d'expliquer ce mode de croissance ?

....

....

Nom : .... Date : ....

Pour t'aider

La croissance des êtres vivants peut être :

- **continue :** elle est à peu près régulière de la naissance à l'âge adulte;
- **discontinue :** la croissance est entrecoupée de « pauses » au cours desquelles, pendant un certain temps, la taille ne bouge pas; ces pauses sont suivies de brusques augmentations de la taille. Ces brusques augmentations sont dues aux mues. On observe sur le graphique un tracé en « marches d'escalier ».

Certains animaux changent de peau ou de carapace régulièrement afin de poursuivre leur croissance : c'est la mue. Le reste de peau que l'on peut alors observer est aussi appelé la mue.

Pour aller plus loin

1 Le phasme est un animal qui grandit toute sa vie.

Est-ce le cas pour un animal comme le cochon d'Inde ?

....

À quel moment la croissance du cochon d'Inde s'arrête-t-elle ?

....

Quelle est la seule observation qui permet de savoir si un phasme est devenu adulte ?

....

2 Pour se défendre de ses prédateurs, le phasme a adopté le camouflage. En observant sa forme et son comportement, décris précisément son camouflage.

....

....

....

On dit que ce camouflage est « **mimétique** », c'est-à-dire qu'il mime quelque chose.

Dessine un phasme dans son milieu et colorie ton dessin afin de montrer ce mimétisme.

Nom : .... Date : ....

Expérimenter pour identifier quelques besoins des végétaux

1 Parmi ces dessins, entoure ceux qui représentent selon toi ce dont la plante a besoin pour pousser.

2 Tu viens de faire l'hypothèse qu'une plante a besoin ....,
.... et .... (voir ***Pour t'aider***, fiche 43b).

a) Pour vérifier ton hypothèse, réalise ces quatre expériences :
– une expérience avec les trois éléments ;
– trois expériences en enlevant un élément différent à chaque fois.

Dessine tes quatre expériences.

1 Je mets les trois éléments.

2 J'enlève ....

3 J'enlève ....

4 J'enlève ....

Nom : .... Date : ....

b) Maintenant, présente les résultats de tes expériences dans ce tableau : mets une croix lorsque la plante est morte.

	Après une semaine	Après quatre semaines
Expérience 1		
Expérience 2		
Expérience 3		
Expérience 4		

Conclusion

Pour qu'une plante pousse, il lui faut :

....

....

....

....

....

Pour t'aider

L'expérience témoin (ton expérience 1) :
Pour vérifier si ton expérience fonctionne dans des conditions normales, tu dois toujours la réaliser avant.
Ici, tu dois prendre une plante qui aura tous les éléments nécessaires :
- de l'eau,
- de la terre,
- de la lumière.

Souviens-toi de ces mots :
- un **schéma** : dessin simplifié qui permet d'expliquer quelque chose ;
- une **hypothèse** : tu fais une hypothèse lorsque tu penses avoir trouvé une solution ou une réponse à un problème. Mais comme tu n'es pas totalement sûr, tu fais des recherches pour vérifier si tu as fait le bon choix et donc pour voir si tu as fait la bonne hypothèse.

Pour aller plus loin

Tu as pu constater que les plantes mouraient plus ou moins vite selon l'élément dont on les privait.

Classe dans l'ordre d'importance les éléments nécessaires aux plantes.

1. ....

2. ....

3. ....

Nom : .... Date : ....

Le réseau alimentaire du jardin

❶ • Si tu touches une branche qui a beaucoup de pucerons, que constates-tu ?

Pourquoi ? ....

• Observe les pucerons avec ta loupe.

Quels sont les animaux qui semblent tourner autour ? ....

Que font ces animaux aux pucerons ? ....

• À partir de la rubrique *Pour t'aider* (fiche 44b), explique de quoi et comment se nourrissent les fourmis : ....

....

• Le schéma suivant résume ce que tu viens d'observer. **Complète-le.**

→ signifie « est mangé par » ⇒ signifie « fabrique »

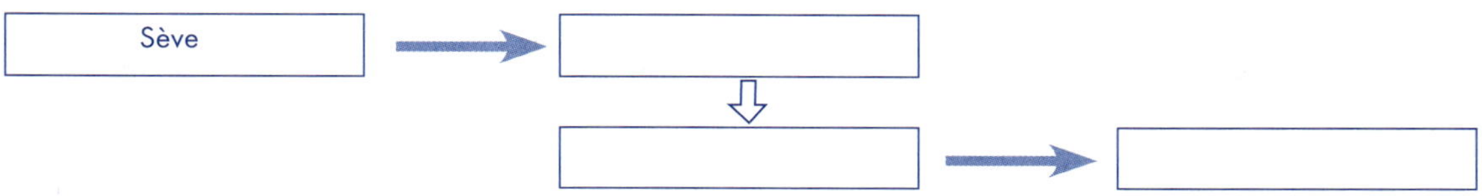

❷ • Dépose une coccinelle sur une branche recouverte de pucerons.

Que se passe-t-il ? ....

• Construis la chaine alimentaire qui correspond à ton observation.

❸ Observe dans le jardin ou recherche dans des livres les animaux qui sont les prédateurs :

– des fourmis : ....

– des coccinelles : ....

– des prédateurs des fourmis et des coccinelles : ....

Conclusion

Construis le réseau alimentaire du jardin. Utilise comme point de départ les schémas des questions ❶ et ❷ en les reportant ci-dessous.
Complète le schéma à l'aide de la question ❸.

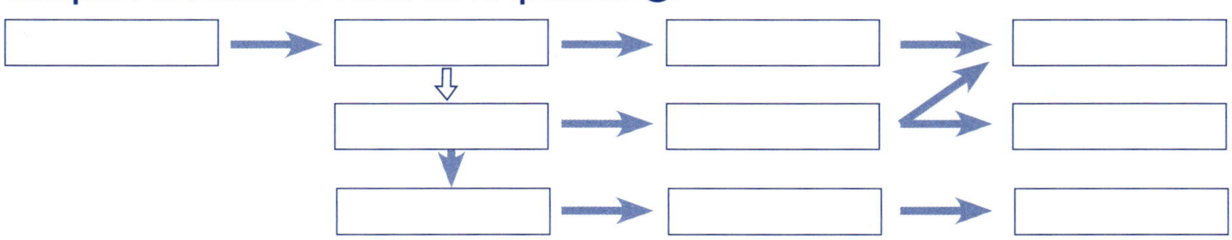

Nom : .... Date : ....

Pour t'aider

Une **chaine alimentaire** est une suite d'animaux qui se mangent les uns les autres. Cette chaine débute toujours par un végétal.

Un **réseau alimentaire** est l'ensemble de plusieurs chaines alimentaires, dont certaines contiennent un même animal, rassemblées dans un même milieu. On parle aussi de **réseau trophique**.

Les **pucerons** sont des animaux qui se nourrissent de la sève, le liquide sucré qui circule dans les plantes. Avec la sève, ils produisent un liquide très sucré, le **miellat**, qui peut ressortir par l'arrière de leur corps lorsqu'ils en produisent trop.

Pour aller plus loin

Complète le schéma ci-dessous en reliant chaque animal à sa nourriture.

(Fais des recherches sur Internet ou dans les livres sur les animaux si nécessaire.)

Utilise la consigne suivante : ⟶ signifie « mangé par ».

Nom : .... Date : ....

Les conséquences du déboisement

❶ Fais doucement couler de l'eau sur ton mini-modèle de forêt (voir fiche 45b) comme sur le dessin. Dans la cuvette, récupère l'eau qui ruisselle à l'autre extrémité.

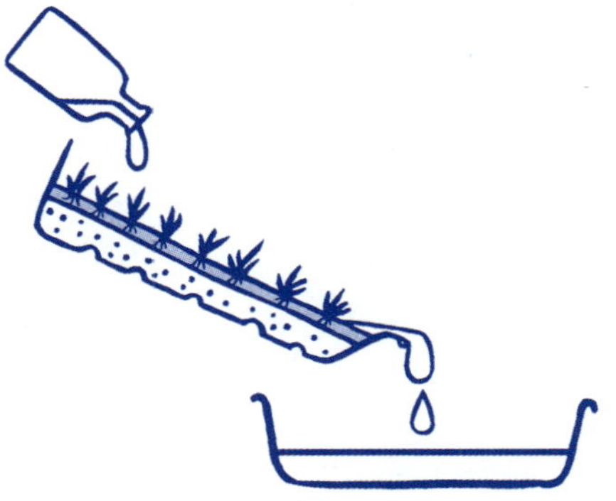

Quelle est la couleur de l'eau récoltée ?

....

Que contient-elle ? ....

....

Comment est la surface du sol de ton modèle de forêt ?

....

❷ Réalise la même expérience avec ton modèle de forêt déboisée.

Quelle est la couleur de l'eau récoltée ?

....

Que contient-elle ? ....

....

Comment est la surface du sol de ton modèle de forêt déboisée ?

....

Conclusion

Complète à l'aide de ces expériences et de la rubrique *Pour t'aider* (fiche 45b).

Quel est le sol où le lessivage est le moins important ?

....

Explique pourquoi. ....

....

Explique pourquoi il n'est pas bon de déboiser les forêts équatoriales et tropicales.

....

....

Nom : .... Date : ....

Préparation de la séance

❶ Prépare ton mini-modèle de forêt (quelques semaines avant la séance).

Matériel : une bouteille en plastique, du sable, de la terre, des graines de gazon, des ciseaux, un pot en verre, de l'eau.

- Coupe avec des ciseaux ta bouteille en plastique dans le sens de la longueur.
- Dispose dans le fond une couche de sable d'environ 5 cm d'épaisseur.
- Recouvre-la d'une couche de 2 ou 3 cm de terre de jardin.
- Tasse bien l'ensemble en « roulant » la terre avec ton pot en verre.
- Dépose des graines de gazon sur la terre puis roule à nouveau l'ensemble avec ton pot afin d'enfoncer légèrement les graines.
- Arrose.

Après quelques semaines, ton gazon germe.

- Arrose-le régulièrement, sans toutefois noyer l'ensemble.
- Expose-le à la lumière en tournant la bouteille régulièrement pour éviter que ton gazon ne se courbe (il se dirige vers la lumière de la fenêtre).

❷ Prépare ton modèle de forêt déboisée.

Prépare l'autre moitié de bouteille comme la précédente, sans y semer de graines.
Tu obtiens donc le résultat suivant :

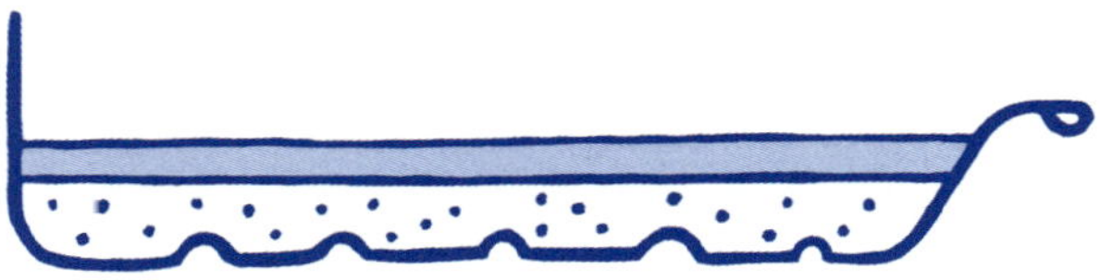

Pour t'aider

Dans les forêts tropicales et équatoriales, les pluies sont fréquentes et intenses.
La surface du sol des forêts tropicales et équatoriales est recouverte d'une fine couche de terre fertile, fragile. Le sol situé juste en dessous ne permet pas un bon développement des plantes.
L'eau qui ruisselè sur les sols entraîne leur **lessivage** : elle emporte les éléments qui sont à leur surface.

Nom : ....   Date : ....

La ferme à lombrics

❶ **Fabrique la ferme à lombrics (voir fiche 46b, *Méthode de fabrication*).**

❷ Un mois a passé !
Dessine le résultat obtenu.
Légende-le à l'aide du vocabulaire suivant : terre – sable – feuille morte – galerie (creusée par le ver de terre) – ver de terre – tortillons de terre.

RÉSULTAT

❸ **Quel est l'aspect des différentes couches de terre et de sable ?**

....

Comment cela s'est-il passé ?

....

Où sont les morceaux de feuilles ?

....

Comment l'expliques-tu ?

....

Conclusion

Les lombrics modifient leur environnement en .... la terre et en .... des débris de plantes comme les feuilles mortes.

Nom : .... Date : ....

Méthode de fabrication de la ferme à lombrics

- Installe ton matériel dans une grande cuvette pour éviter de salir ta table.
- Mets au fond du bocal une couche de terre de 5 cm d'épaisseur, puis au-dessus une couche de 2-3 cm de sable.
- Mets à nouveau 5 cm de terre puis 2-3 cm de sable.
- Recommence jusqu'à ce que ton bocal soit presque plein.
- Termine par une couche de terre.
- Mets sur la dernière couche une vingtaine de petits morceaux de feuilles mortes.
- Humidifie légèrement le tout (attention à ne pas obtenir de la boue).
- Dépose à la surface 6 ou 7 vers de terre.

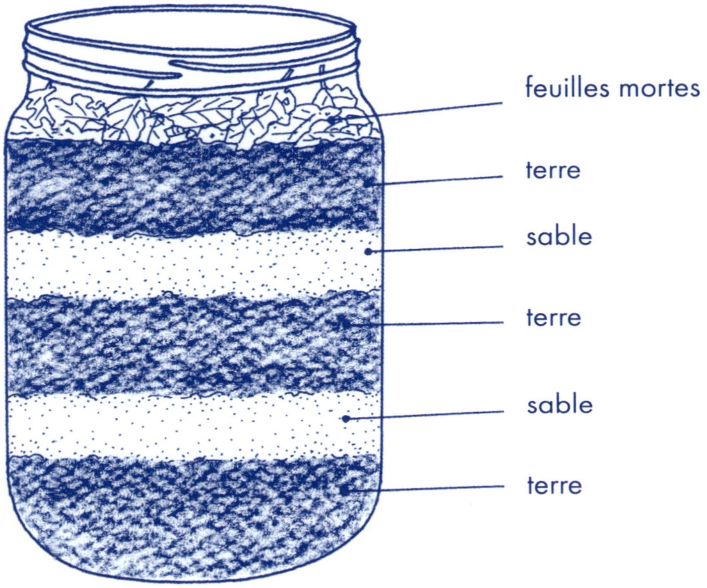

Pendant le mois qui suit, humidifie régulièrement la ferme à lombrics.
Il ne faut pas qu'elle sèche sinon les lombrics risquent de mourir.

Pour aller plus loin

Comment les vers de terre creusent-ils leurs galeries ?

Qu'observes-tu à la surface de ta ferme à lombrics ?

....

Qui les a formés ?

....

Comment ? (Pour répondre à cette question, observe le comportement des vers de terre dans la ferme.)

....

Nom : .... Date : ....

La dégradation des déchets dans le sol

Dans le sol, il existe différents types d'êtres vivants capables de détruire les déchets enfouis (voir la rubrique *Pour t'aider*, fiche 47b). Les expériences suivantes te permettent de définir les animaux qui sont les plus efficaces.

1 Au mois de septembre, prépare deux sacs à déchets.

a) Le sac A est formé du filet à oranges.

Pèse chacun des déchets déposés dans le sac, puis ferme-le avec de la ficelle.

salade : .... pommes : .... papier : ....

b) Le sac B est formé du morceau de tulle.

À l'intérieur, déposes-y la même masse de déchets puis ferme-le.

En utilisant la rubrique *Pour t'aider*, note pour chacun des sacs quels sont les êtres vivants qui vont pouvoir y entrer et donc dégrader son contenu.

Sac A : ....

Sac B : ....

Enterre les deux sacs.

2 En avril ou en mai, déterre les sacs et observe les résultats.

Résultats	Sac A	Sac B
Masse de déchets restante		
Quantité de déchets dégradés		

Conclusion

D'après le tableau, calcule :

– la quantité de déchets dégradés par les vers de terre : ....

....

– la quantité de déchets dégradés par les petits invertébrés : ....

....

Quels sont les animaux qui dégradent la plus grande quantité de déchets ?

....

Nom : .... Date : ....

Pour t'aider

Voici différents animaux que tu peux trouver dans le sol.
Ils se nourrissent des déchets qui y sont enfouis.

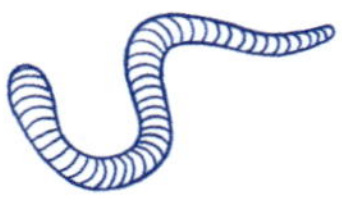

Ver de terre
10 cm

Collembole
2 mm

Nématode
(sorte de ver blanc)
0,2 mm

Acarien
0,5 mm

Les collemboles, acariens et nématodes sont considérés comme de petits invertébrés du sol.

Pour aller plus loin

1 Si on enfouit sous terre un sac contenant une bouteille en verre ou en plastique, que penses-tu qu'il va se passer ? ....

Explique pourquoi : ....

....

2 Lis puis réponds aux questions ci-dessous.

Dans le sol, il existe des microbes (bactéries) et des moisissures.
On réalise les expériences suivantes :

a) Dans un sac, on dépose 10 kg de déchets que l'on arrose d'un produit qui détruit les microbes et les bactéries ; on enfouit le sac dans le sol.

b) Dans un sac, on dépose 10 kg de déchets et on enfouit le sac dans le sol.

On observe les résultats suivants après 10 mois dans le sol :

	Masse du sac
Expérience a	2,2 kg
Expérience b	0,2 kg

3 Donne une conclusion en répondant à ces questions.

Que t'apprennent ces expériences ?

....

Quels sont les trois groupes d'êtres vivants qui peuvent détruire les déchets enfouis ?

....

....

....

Présentation des ressources numériques à télécharger

Les éléments suivants sont disponibles en téléchargement :

Les fiches à imprimer ou à afficher

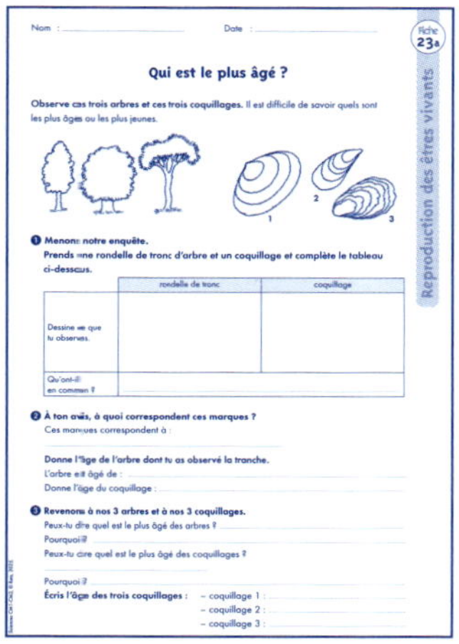
Qui est le plus âgé ?

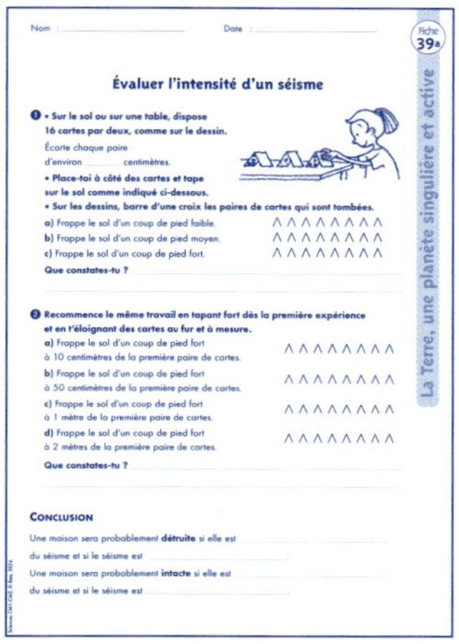
Évaluer l'intensité d'un séisme

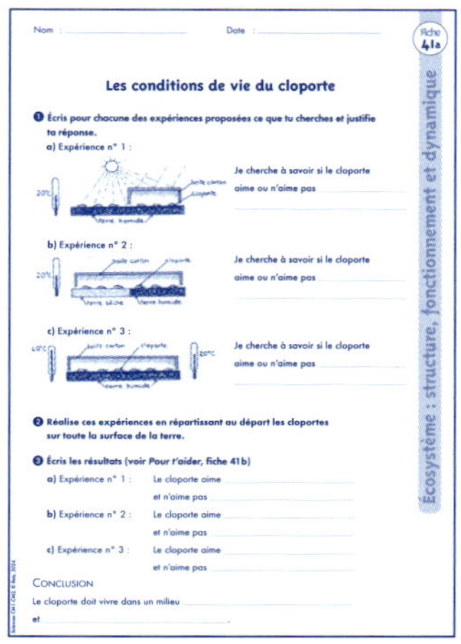
Les conditions de vie du cloporte

Le corrigé des fiches

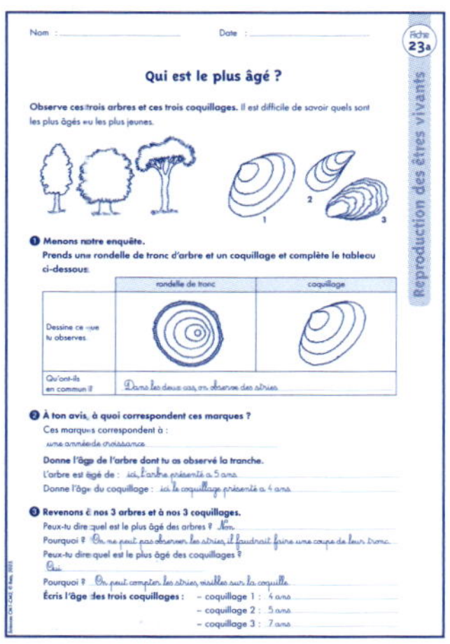
Qui est le plus âgé ?

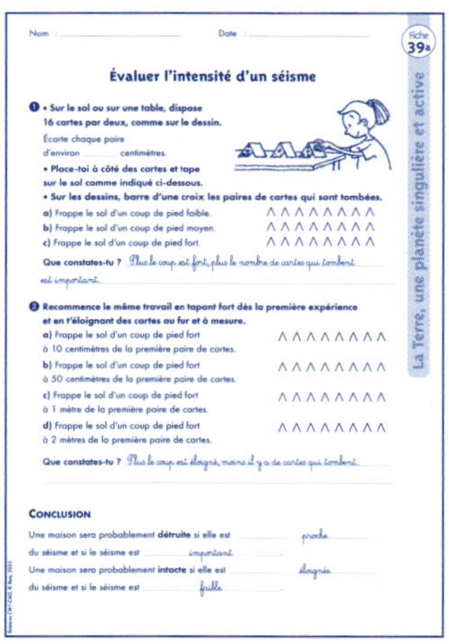
Évaluer l'intensité d'un séisme

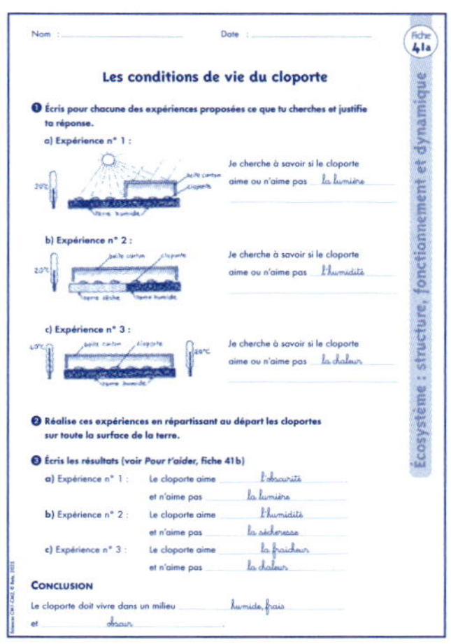
Les conditions de vie du cloporte

Dans la même collection

N° de projet : 10304244
Achevé d'imprimer en France en janvier 2025, sur les presses de Chirat.